A PRUDÊNCIA

A PRUDÊNCIA
A virtude da decisão certa

Tomás de Aquino

Tradução, introdução e notas
Jean Lauand

Título do original
DE PRUDENTIA
Copyright © 2005, Livraria Martins Fontes Editora Ltda.,
São Paulo, para a presente edição.

1ª **edição** 2005
2ª **edição** 2014
2ª **tiragem** 2022

Acompanhamento editorial
Luzia Aparecida dos Santos
Preparação do original
Solange Martins
Revisões
Solange Martins
Helena Guimarães Bittencourt
Edição de arte
Katia Harumi Terasaka Aniya
Produção gráfica
Geraldo Alves
Paginação
Moacir Katsumi Matsusaki
Capa
Katia Harumi Terasaka Aniya

Dados Internacionais de Catalogação na Publicação (CIP)
(Câmara Brasileira do Livro, SP, Brasil)

Tomás de Aquino, Santo, 1225?-1274
  A prudência : a virtude da decisão certa / Tomás de Aquino ; tradução, introdução e notas Jean Lauand. – 2. ed. – São Paulo : Editora WMF Martins Fontes, 2014.

  Título original: De prudentia
  ISBN 978-85-7827-697-3

  1. Escolástica 2. Prudência 3. Tomás, de Aquino, Santo, 1225?--1274. A prudência – Crítica e interpretação 4. Tomismo I. Lauand, Luiz Jean. II. Título. III. Série.

13-04961 CDD-189.4

Índices para catálogo sistemático:
1. Prudência : Tomismo : Filosofia escolástica 189.4

Todos os direitos desta edição reservados à
Editora WMF Martins Fontes Ltda.
Rua Prof. Laerte Ramos de Carvalho, 133 01325-030 São Paulo SP Brasil
Tel. (11) 3293-8150 e-mail: info@wmfmartinsfontes.com.br
http://www.wmfmartinsfontes.com.br

ÍNDICE

Introdução VII
Nota à presente edição XIX
Cronologia XXI

A PRUDÊNCIA

Questão 47
  A prudência em si mesma considerada 3

Questão 48
  As partes da prudência 21

Questão 49
  As partes (*quasi*) integrais da prudência 25

Questão 50
  As partes subjetivas da prudência 37

Questão 51
  As partes potenciais da prudência 41

Questão 52
  O conselho como dom do Espírito Santo 49

Questão 53
  A imprudência 55

Questão 54
  A negligência   63

Questão 55
  Vícios opostos à prudência, que apresentam certa semelhança com ela   67

Questão 56
  Preceitos que competem à prudência   75

Apêndice   77
Notas   81

INTRODUÇÃO

Apresentamos a tradução de *De Prudentia*, de Tomás de Aquino, contido na *Suma Teológica*.

Esse tratado apresenta grande interesse do ponto de vista da história das ideias: seu autor é "o último grande mestre de um cristianismo ainda não dividido" (Pieper), e o tema é nada menos do que a principal entre as quatro virtudes cardeais (prudência, justiça, fortaleza e temperança), que tanta importância tiveram no Ocidente medieval.

É difícil subestimar a importância da virtude da prudência no pensamento de Tomás: não é que ela seja a primeira *inter pares*, mas é a principal em uma ordem superior, é a mãe das virtudes, *genitrix virtutum* (*In III Sent.* d 33, q 2, a 5, c), e a guia das virtudes, *auriga virtutum* (*In IV Sent.* d 17, q 2, a 2, dco).

Por mais destacada, porém, que seja a importância histórica do *Tratado da prudência* de Tomás, seu interesse transcende o âmbito da história das ideias e instala-se – superadas as naturais barreiras de linguagem dos 750 anos que nos separam do Aquinate – no diálogo direto com o homem do nosso tempo, como rica contribuição para alguns de seus mais urgentes problemas existenciais[1].

Além do mais, a doutrina sobre a prudência tem – como veremos – o condão de expressar, de modo privilegiado, as diretrizes fundamentais de todo o filosofar de Tomás.

PRUDENTIA E PRUDÊNCIA

Para bem avaliar o significado e o alcance do *Tratado da prudência* é necessário, antes de mais nada, atentar para o fato de que *prudentia* é uma daquelas tantas palavras fundamentais que sofreram desastrosas transformações semânticas com o passar do tempo.

A proximidade entre a nossa língua e o latim de Tomás não nos deve enganar: ocorre, como dizíamos, um conhecido fenômeno de alteração do sentido das palavras que se manifesta muitas vezes quando lemos um autor de outra época. E não só alteração: como mostra C. S. Lewis[2], dá-se frequentemente, sobretudo no campo da ética, uma autêntica inversão de polari-

---

1. É dessa perspectiva que são tomadas – para além das exaustivas análises históricas e historiográficas – as ideias fundamentais de Tomás, no que têm de potencial de diálogo antropológico com o homem de hoje. Os condicionamentos de linguagem e o contexto histórico – inegavelmente presentes – não impedem, a nosso ver, que haja um fundo comum e que – superadas as dificuldades de superfície – possamos dialogar (e aprender...) com os antigos sobre o homem, as virtudes e os vícios...

2. *Studies in Words*, Cambridge at the Univ. Press, 1960.

Introdução

dade[3]: aquela palavra que originalmente designava uma qualidade positiva esvazia-se de seu sentido inicial ou passa até a designar uma qualidade negativa.

Foi o que aconteceu, entre outras, com as palavras "prudente" e "prudência". Atingida ao longo dos séculos pelo subjetivismo metafórico e pelo gosto do eufemismo[4], "prudência" já não designa a grande virtude, mas sim a conhecida cautela (um tanto oportunista, ambígua e egoísta) ao tomar (ou ao não tomar...) decisões. Observação similar era registrada, já em 1926, por Garrigou-Lagrange[5].

....

3. "The remarkable tendency of adjectives which originally imputes great goodness, to become terms of disparagement", *op. cit.*, p. 173.
4. Ibid., cap. I. Cf., também, COPLEY, J. *Shift of Meaning*, London, Oxford University Press, 1961.
5. *"Une étude sur la prudence ne présente au premier abord pour beaucoup de lecteurs qu'un médiocre intérêt. Plusieurs pensent peut-être à monsieur Proudhomme, d'autres songent à une vertu qui consiste surtout à ne pas agir, dès qu'il y a quelque risque à courir: 'Soyons prudents, pas d'affaires.' Et de fait, dans plusieurs dictionnaires, la définition qui est donnée de la prudence fait penser à cette sorte de vertu toute négative, qui n'a guère de la vertu que le nom. La prudence serait-elle une qualité négative?"* [À primeira vista, para muitos leitores, um estudo sobre a prudência carece de maior interesse. Muitos talvez se lembrarão do caricatural personagem Sr. Prudêncio Cautela, outros pensarão numa virtude que consiste principalmente em não agir, pois qualquer ação envolve riscos: "Sejamos prudentes, não nos envolvamos." E de fato, em muitos dicionários, a definição que é dada de prudência faz pensar nesse tipo de virtude totalmente negativa que de virtude só tem o nome. Será que a prudência é uma qualidade negativa?] GARRIGOU-LAGRANGE, Réginald. "La prudence – sa place dans l'organisme des vertus", *Revue Thomiste*, École de Théologie Saint-Maximin (Var), Année XXXI, Nouv. Série IX, 1926, p. 411.

A VIRTUDE CARDEAL DA *PRUDENTIA*

Se hoje a palavra *prudência* tornou-se aquela egoísta cautela da indecisão (em cima do muro), em Tomás, ao contrário, *prudentia* expressa exatamente o oposto: é a arte de decidir corretamente, isto é, com base não em interesses oportunistas, não em sentimentos piegas, não em impulsos, não em temores, não em preconceitos etc., mas, unicamente, com base na *realidade*, em virtude do límpido conhecimento do ser. É esse conhecimento do ser que é significado pela palavra *ratio* na definição de *prudentia*: *recta ratio agibilium*, "reta razão aplicada ao agir", como repete, uma e outra vez, Tomás.

Prudentia é ver a realidade e, com base nela, tomar a decisão certa. Por isso, como repete Tomás, não há nenhuma virtude moral sem a *prudentia*, e mais: "sem a *prudentia*, as demais virtudes, quanto maiores fossem, mais dano causariam" (*In III Sent.* d 33, q 2, a 5, sc 3). Com as alterações semânticas, porém, tornou-se intraduzível, para o homem de nosso tempo, uma sentença de Tomás como: "a *prudentia* é necessariamente corajosa e justa"[6].

Sem esse referencial, fundamentados em que tomamos nossas decisões? Quando não há a *simplicitas*, a simplicidade que se volta para a realidade como único ponto decisivo na decisão, ela acaba sendo tomada, como dizíamos, com base em diversos outros fatores: por preconceitos, por interesses interessei-

....

6. *Nec prudentia vera est quae iusta et fortis non est.* I-II, 65, 1.

ros, por impulso egoísta, pela opinião coletiva, pelo "politicamente correto", por inveja ou por qualquer outro vício...

Mas esse ver a realidade é somente uma parte da *prudentia*; a outra parte, ainda mais decisiva (literalmente), é transformar a realidade vista em decisão de ação, em comando: de nada adianta saber o que é bom se não há a decisão de realizar esse bem...

O nosso tempo, que se esqueceu até do verdadeiro significado da clássica *prudentia*, atenta contra ela de diversos modos: em sua dimensão cognoscitiva (a capacidade de ver o real, por exemplo, aumentando o ruído – exterior e interior – que nos impede de "ouvir" a realidade) e em sua dimensão prescritiva no ato de comandar: o medo de enfrentar o peso da decisão, que tende a paralisar os imprudentes.

A grande tentação da imprudência (sempre no sentido clássico) é a de delegar a outras instâncias o peso da decisão que, para ser boa, depende só da visão da realidade. Há diversas formas dessa abdicação: do abuso de reuniões desnecessárias à delegação das decisões a terapeutas, comissões, analistas e gurus, passando por toda sorte de consultas esotéricas.

Uma das mais perigosas formas de renúncia a enfrentar a realidade (ou seja, a renúncia à *prudentia*) é trocar essa fina sensibilidade de discernir o que, naquela situação concreta, a realidade exige por critérios operacionais rígidos, como num "Manual de escoteiro moral" ou, no campo do direito, num estreito legalismo à margem da justiça.

A prudência

O *Tratado da prudência* é o reconhecimento de que a direção da vida é competência da pessoa, e o caráter dramático da *prudentia* se manifesta claramente quando Tomás mostra que não há "receitas" de bem agir, não há critérios comportamentais operacionalizáveis, porque – e esta é outra constante no *Tratado* – a *prudentia* versa sobre ações contingentes, situadas no "aqui e agora".

É que a *prudentia* é virtude da inteligência, mas da inteligência do concreto: a *prudentia* não é a inteligência que versa sobre teoremas ou princípios abstratos e genéricos. Não! Ela olha para o "tabuleiro de xadrez" da situação presente, sobre a qual se dão nossas decisões concretas, e sabe discernir o "lance" certo, moralmente bom. E o critério para esse discernimento do bem é: a realidade!

Embora haja um certo e um errado objetivos, um "*to be or not to be*" pendente de nossas decisões, a condição humana é tal que – muitas vezes – não dispomos de regras operacionais concretas para decidir.

Nessa mesma linha, está a agudíssima reflexão do jagunço Riobaldo em *Grande sertão: veredas* – todo um tratado de filosofia da educação moral[7]. Tra-

---

7. "Sempre sei, realmente. Só o que eu quis, todo o tempo, o que eu pelejei para achar, era uma só coisa – a inteira – cujo significado e vislumbrado dela eu vejo que sempre tive. A que era: que existe uma receita, a norma dum caminho certo, estreito, de cada uma pessoa viver – e essa pauta cada um tem – mas a gente mesmo, no comum, não sabe encontrar; como é que sozinho, por si, alguém ia poder encontrar e saber? Mas, esse norteado, tem. Tem que ter. Se não, a vida de todos ficava sendo sempre o confuso dessa doideira que é. E que: para cada dia, e cada hora, só uma

ta-se de uma "inteligência" moral, a insubornável fidelidade ao real, que aprende da experiência e, portanto, requer a memória como virtude associada: a memória fiel ao ser.

Precisamente no artigo dedicado à virtude da *memoria*, Tomás observa que o homem não pode reger-se por verdades necessárias, mas somente pelo que acontece *in pluribus* (geralmente).

Note-se que essa é também a razão da insegurança em tantas decisões humanas: a *prudentia* traz consigo aquele enfrentamento do peso da incerteza, que tende a paralisar os imprudentes.

É dessa dramática imprudência da indecisão que tratam alguns clássicos da literatura: do *"to be or not to be..."* de *Hamlet* aos dilemas kafkianos (o remorso impõe-se a qualquer decisão), passando pelo "Grande Inquisidor" de Dostoiévski, que descreve "o homem esmagado sob essa carga terrível: a liberdade de escolher"[8] e apresenta a massa que abdicou da *prudentia* e se deixou escravizar, preferindo "até mesmo a morte à liberdade de discernir entre o bem e o mal"[9].

---

ação possível da gente é que consegue ser a certa. Aquilo está no encoberto: mas, fora dessa consequência, tudo o que eu fizer, o que o senhor fizer, o que o beltrano fizer, o que todoomundo fizer, ou deixar de fazer, fica sendo falso, e é o errado. Ah, porque aquela outra é a lei, escondida e vivível mas não achável, do verdadeiro viver: que para cada pessoa, sua continuação, já foi projetada, como o que se põe, em teatro, para cada representador – sua parte, que antes já foi inventada, num papel..." ROSA, Guimarães, *Grande sertão: veredas*, Rio de Janeiro, José Olympio, 5ª ed., p. 366.

8. DOSTOIÉVSKI, Fiódor M. *Os irmãos Karamázovi*, São Paulo, Ediouro, s.d., p. 226.

9. Ibid., p. 225.

E, assim, os subjugados declaram de bom grado: "Reduzi-nos à servidão, contanto que nos alimenteis."[10]

O *TRATADO DA PRUDÊNCIA* NO PENSAMENTO "NEGATIVO" DE TOMÁS

O leitor poderá por si mesmo percorrer os ensinamentos concretos – tão importantes – de Tomás sobre a principal das virtudes cardeais; parece-nos mais oportuno, aqui, indicar como a prudência tem, além do mais, um caráter revelador de todo o posicionamento filosófico-teológico de Tomás.

Esse posicionamento é o de uma *theologia negativa* e de uma *philosophia negativa*. Precisamente pela ignorância desse decisivo caráter "negativo" no pensamento de Tomás é que ele tem sido frequentemente mal compreendido, até pelos tomistas. Aliás, o filosofar de Tomás é tal que é incompatível com um "tomismo"[11], com um "sistema" filosófico ou com

....

10. Ibid., p. 224.
11. Josef Pieper, talvez o melhor intérprete de Tomás em nosso tempo, afirma: "Não pode haver um 'tomismo' porque a grandiosa afirmação que representa a obra de S. Tomás é grande demais para isso (...). S. Tomás nega-se a escolher algo; empreende o imponente projeto de 'escolher' tudo (...). A grandeza e a atualidade de Tomás consistem precisamente em que não se lhe pode aplicar um 'ismo', isto é, não pode haver propriamente um 'tomismo' ('propriamente', isto é: não pode haver enquanto se entenda por 'tomismo' uma especial direção doutrinária caracterizada por asserções e determinações polêmicas, um sistema escolar transmissível de princípios doutrinais)." *Thomas von Aquin: Leben und Werk*, München, DTV, 1981, p. 27.

Introdução

um racionalismo (e tantas vezes Tomás tem sido injustiçado com o rótulo de racionalista).

Examinemos três instâncias desse caráter negativo no pensamento de Tomás.

No que diz respeito ao conhecimento, Tomás assume uma *philosophia negativa*[12]. Esse caráter "nega-

....

12. Para a descrição desse posicionamento, recorremos à análise de Josef Pieper, em *Unaustrinkbares Licht*: "Limitamo-nos a falar apenas da *philosophia negativa* – embora Tomás tenha formulado também os princípios de uma *theologia negativa*. Certamente este traço também não aparece com clareza nas interpretações usuais; frequentemente é até ocultado. Será raro encontrar menção do fato de a discussão sobre Deus da *Summa Theologica* começar com a sentença: '*Não* podemos saber o que Deus é, mas sim o que Ele não é.' Não pude encontrar um só compêndio de filosofia tomista no qual se tenha dado espaço àquele pensamento, expresso por Tomás em seu *Comentário ao De Trinitate* de Boécio: o de que há três graus do conhecimento humano de Deus. Deles, o mais fraco é o que reconhece Deus na obra da criação; o segundo é o que O reconhece refletido nos seres espirituais; e o estágio superior reconhece-O como o Desconhecido: *tamquam ignotum*! E tampouco encontra-se aquela sentença das *Quaestiones disputatae*: 'Este é o máximo grau de conhecimento humano de Deus: saber que não O conhecemos', *quod (homo) sciat se Deum nescire*. E, quanto ao elemento negativo da *philosophia* de Tomás, encontramos aquela sentença sobre o filósofo, cuja dedicação ao conhecimento não é capaz sequer de esgotar a essência de uma única mosca. Sentença que, embora esteja escrita em tom quase coloquial, num comentário ao *Symbolum Apostolicum*, guarda uma relação muito íntima com diversas outras afirmações semelhantes. Algumas delas são espantosamente 'negativas', como, por exemplo, a seguinte: *Rerum essentiae sunt nobis ignotae*: 'as essências das coisas nos são desconhecidas'. E essa formulação não é, de modo algum, tão incomum e extraordinária quanto poderia parecer à primeira vista. Seria facilmente possível equipará-la (a partir da *Summa Theologica*, da *Summa contra Gentiles*, dos *Comentários* a Aristóteles, das *Quaestiones Disputatae*) a uma dúzia de frases semelhantes: *Principia essentialia rerum sunt nobis ignota; formae substantiales per se ipsas sunt ignotae; differentiae essentiales sunt nobis ignotae*. Todas elas afirmam que os 'princípios da essência', as 'formas substanciais',

tivo" informa também seu modo de fazer teologia, teologia essencialmente bíblica. Contra as *rationes necessariae* de um Anselmo, contra a pretensão de deduzir logicamente as verdades da fé, Tomás afirma o mistério para o homem, contraponto da liberdade de Deus: "Não há nenhum argumento de razão naquelas coisas que são de fé."[13]

E na questão: "Se Deus teria se encarnado se não tivesse havido o pecado do homem", Tomás recolhe como objeções os argumentos tradicionais na Escolástica: "Sim, a Encarnação necessariamente ocorreria, pois a perfeição pressupõe a união do primeiro – Deus – com o último, o homem"; ou: "Seria absurdo supor que o pecado tivesse trazido para o homem a vantagem da Encarnação e que, portanto, necessariamente, teria havido Encarnação, mesmo sem o pecado"... Tomás, em sua resposta, refuta categoricamente essas objeções, afirmando: "A verdade sobre essa questão só pode conhecê-la Aquele que nasceu e se entregou *porque quis*."[14, 15]

Nesse quadro "negativo", pode-se compreender melhor o significado da *prudentia* em Tomás: porque não conhecemos completamente as coisas, não pode-

---

as 'diferenças essenciais' das coisas, não nos são conhecidas." ("O elemento negativo na filosofia de Tomás de Aquino", *Revista de Estudos Árabes*, São Paulo, CEAr-DLOFFLCHUSP, N° 5-6, jan./dez. 1995. A tradução é de Gabriele Greggersen.)

13. *In III Sent.* d 1, q 1, a 2, c.
14. *In III Sent.* d 1, q 1, a 3, c.
15. Este exemplo está em Josef Pieper, *Scholastik*, München, DTV, 1978. O capítulo XI é indispensável para o tema.

mos ter a certeza matemática nem critérios operacionais para discernir o bem; para a boa decisão moral, precisamos das (frágeis e incertas) luzes da *prudentia*: ter a memória do passado, examinar as circunstâncias (e as circunstâncias como fonte de moralidade detonam qualquer tentativa de espartilhar a conduta em manuais de escoteiro morais), recorrer ao conselho (não por acaso, com a supressão da *prudentia* na pregação da Igreja contemporânea, "conselho" deixou de significar aconselhar-se a si mesmo e passou só a significar conselho dado por outro) etc.

E também no que se refere à *prudentia* estão, como pano de fundo, os dois elementos-chave de Tomás: mistério e liberdade. Afirmar a *prudentia* é afirmar que cada pessoa é a protagonista de sua vida, só ela é responsável, em suas decisões livres, por encontrar os meios de atingir seu fim: a sua realização. Esses meios não são determináveis *a priori*; pertencem, pelo contrário, ao âmbito do contingente, do particular, do incerto do futuro e, necessariamente, a *prudentia* se faz acompanhar da insegurança, da necessária insegurança que se faz presente em toda vida autenticamente humana. Afinal, para Tomás, o que o conceito de pessoa acrescenta à essência humana é precisamente a individualidade concreta: "alma, carne e osso são configuradores do homem (*sunt de ratione hominis*); mas esta alma, esta carne e estes ossos são configuradores deste homem (*sunt de ratione huius hominis*) e assim 'pessoa' acrescenta à configuração da essência os princípios individuais"[16].

Qualquer atentado contra a *prudentia* tem como pressuposto a despersonalização, a falta de confiança na pessoa, considerada sempre "menor de idade" e incapaz de decidir e, portanto, devendo transferir a direção de sua vida para outra instância: a Igreja, o Estado etc. Em qualquer caso, isso é sempre muito perigoso...

JEAN LAUAND

....

16. I, 29, 2 ad 3. Vem ao encontro dessas considerações a seguinte reflexão do psiquiatra Viktor Frankl: "Vejamos o que se pode fazer quando um paciente pergunta qual é, afinal, o sentido da sua vida. Duvido que um médico possa responder a essa questão em termos genéricos. Isso porque o sentido da vida difere de pessoa para pessoa, de um dia para outro, de uma hora para outra. O que importa, por conseguinte, não é o sentido da vida de um modo geral, mas antes o sentido específico da vida de uma pessoa em dado momento. Formular essa questão em termos gerais seria comparável a perguntar a um campeão de xadrez: 'Diga-me, mestre, qual é o melhor lance do mundo?'. Simplesmente não existe algo como o melhor lance ou um bom lance à parte de uma situação específica num jogo e da experiência humana. O mesmo é válido para a existência humana. Não se deveria procurar um sentido abstrato da vida. Cada qual tem sua própria vocação ou missão específica na vida; cada um precisa executar uma tarefa concreta, que está a exigir realização. Nisso a pessoa não pode ser substituída, nem pode sua vida ser repetida. Assim, a tarefa de cada um é tão singular como sua oportunidade específica de levá-la a cabo." (*Em busca de sentido*, Petrópolis/São Leopoldo, Vozes/Sinodal, 16ª ed., 2002, p. 98.)

NOTA À PRESENTE EDIÇÃO

Esta edição apresenta a tradução dos artigos contidos nas questões 47 a 56 da *secunda secundae*, que tratam da prudência em seus diversos aspectos. Por sua especial relação com o tema, acrescentamos o artigo II-II, 120, 1, "A epiqueia é virtude", pertencente ao *Tratado da justiça*. Apresentamos, em cada caso, o *corpus* de cada artigo e, quando pertinente, as respostas às objeções. Para oferecer ao leitor um artigo completo, o artigo 1 da questão 49 é traduzido na íntegra.

CRONOLOGIA DE TOMÁS DE AQUINO

Contexto em que ocorre o nascimento de Tomás

c. 1170   Nascimento de São Domingos em Caleruega (Castela).

1182   Nascimento de Francisco de Assis. Francisco e Domingos irão fundar, no começo do século XIII, as ordens mendicantes: franciscanos e dominicanos. As ordens mendicantes, voltadas para a vida urbana, e, posteriormente, para a universidade, sofrerão duras perseguições em Paris.

c. 1197   Nascimento de Alberto Magno, um dos primeiros grandes pensadores dominicanos, mestre de Tomás.

1210   Primeira proibição eclesiástica de Aristóteles em Paris.
Estatutos fundacionais da Universidade de Paris.
Inglaterra: Carta Magna.
Fundação da Ordem dos Pregadores.

1220   Coroação do Imperador Frederico II.

1224-25   Nascimento de Tomás no castelo de Aquino, em Roccasecca (reino de Nápoles). Filho de Lindolfo e Teodora. Seu pai e um de seus irmãos pertencem à aristocracia da corte de Francisco II.

Frederico II funda a Universidade de Nápoles para competir com a Universidade de Bolonha (pontifícia).

1226   Morte de Francisco de Assis.

Infância e adolescência no Reino de Nápoles

1231   Tomás é enviado como oblato à abadia de Monte Cassino (situada entre Roma e Nápoles). Monte Cassino, além de abadia beneditina, é também um ponto crucial na geopolítica da região; é um castelo de divisa entre os territórios imperiais e pontifícios.

1239-44 Tomás estuda Artes Liberais na Universidade de Nápoles e toma contato com a Lógica e a Filosofia Natural de Aristóteles, em pleno processo de redescoberta no Ocidente. Conhece também a recém-fundada ordem dominicana, que – junto com a franciscana – encarna o ideal de pobreza e de renovação moral da Igreja.

Juventude na Ordem dos Frades Pregadores

1244   Tomás integra-se aos dominicanos de Nápoles, sob forte oposição da família, que tinha para o jovem Tomás outros planos que não o de ingressar numa ordem de pobreza.

1245-48	Superada a oposição da família, Tomás faz seu noviciado e estudos em Paris. A Universidade de Paris, desde há muito, goza de um prestígio incomparável.
1248	Sexta Cruzada.
1248-52	Tomás com Alberto Magno em Colônia, onde em 1250-51 recebe a ordenação sacerdotal.
1250	Morre Frederico II.

Os anos de maturidade

1252-59	Tomás professor em Paris. Inicialmente (1252-1256), como Bacharel Sentenciário e, de 1256 a 1259, como Mestre Regente de Teologia. Fruto direto deste magistério é o *De veritate*. Escreve o *Comentário às sentenças de Pedro Lombardo*. Em 1259, começa a redigir a *Summa contra Gentiles*. Em defesa da causa das ordens mendicantes, perseguidas, escreve em 1256 o *Contra impugnantes Dei cultum et religionem*.
1260-01	Tomás é enviado a Nápoles, para organizar estudos da Ordem. Continua a compor a *Contra Gentiles*.
1261-64	O papa Urbano IV – pensando numa união entre o Oriente cristão e a Cristandade ocidental – leva Tomás por três anos a sua corte em Orvieto.
1264	Tomás conclui a *Summa contra Gentiles*.

1265	Tomás é enviado a Roma com o encargo da direção da escola de Santa Sabina. Começa a escrever seus *Comentários a Aristóteles* e a *Summa Theologica*. Nascimento de Dante Alighieri.
1266	Nascimento de Giotto.
1267	Um novo papa, Clemente IV, chama Tomás à sua corte em Viterbo, onde permanece até o ano seguinte.
1269-72	Tomás exerce sua segunda regência de cátedra em Paris. Escreve o *Comentário ao Evangelho de João* (o *De differentia* é a parte inicial do *Comentário*). Recrudesce a perseguição contra as ordens mendicantes na Universidade de Paris.
1272-73	Tomás regente de Teologia em Nápoles.
1274	Tomás morre a caminho do Concílio de Lyon.
1277	Condenação, por parte do bispo de Paris, de 219 proposições filosóficas e teológicas (algumas de Tomás) em Paris.
1280	Morte de Alberto Magno.
1323	Tomás é canonizado por João XXII.

A PRUDÊNCIA

Extraído da *Suma Teológica*, segunda parte da
Segunda Parte, questões 47 a 56.

Questão 47

A PRUDÊNCIA EM
SI MESMA CONSIDERADA

Questão 47, artigo 1 – A prudência é uma virtude[1] da faculdade[2] de conhecer e não do apetite[3].

Segundo Isidoro[4], prudente (*prudens*) significa aquele que vê longe (*porro uidens*), pois tem visão aguda e antevê as possibilidades que podem ocorrer nas situações contingentes.

Ora, a visão pertence ao conhecimento e não ao apetite. É evidente, portanto, que a prudência pertence diretamente ao âmbito do conhecimento. Não, porém, ao âmbito do conhecimento sensível, que só diz respeito àquilo que se apresenta aos sentidos. Pois o que é próprio da prudência – conhecer o futuro a partir do presente ou do passado – pertence propriamente à razão[5], porque requer uma certa comparação e confrontação de dados[6]. Donde se conclui que a prudência reside na razão.

[Na resposta à primeira objeção, Tomás complementa] À objeção de que a prudência seria amor – como diz Agostinho "a prudência é amor que escolhe..." – e, portanto, residiria na vontade, e não na inteligência, deve-se responder que, como dissemos em outro lugar[7], a vontade move todas as faculdades para que realizem seus atos. Por outro lado, como também já dissemos[8], o ato primeiro da vontade é o amor e, assim, diz-se que a prudência é amor, não essencialmente, mas enquanto é o amor que move ao ato de prudência. Daí que, na mesma passagem (*De mor. Eccl. Cathol.* XV), Agostinho acrescenta que a prudência é o amor que discerne bem entre o que ajuda a tender para Deus e o que pode impedir esse caminho. E falar de "amor que discerne" é falar do amor que move a razão a discernir.

Questão 47, artigo 2 – A prudência é uma virtude da razão prática e não da razão especulativa[9].

Segundo o Filósofo[10], a prudência é a "reta razão aplicada ao agir", ou seja, é algo próprio da razão prática. E diz também que "é próprio do homem prudente o bom conselho[11]". Ora, o conselho diz respeito a como devemos agir para obter algum fim, o que, evidentemente, é da razão prática.

Questão 47, artigo 3 – A prudência conhece os casos singulares.

Como dissemos anteriormente[12], é próprio da prudência não só a consideração racional, mas também a aplicação à ação, que é o fim da razão prática. Só pode haver aplicação adequada se houver conhecimento dos dois polos: o que se aplica e ao qual se aplica. Ora, as ações versam sobre realidades singulares. E assim é necessário que a prudência conheça os princípios universais da razão e também que conheça esses singulares sobre os quais versam as ações.

[Na resposta à primeira objeção, Tomás complementa] À objeção de que a prudência está na razão e, portanto, só pode conhecer os universais, respondo dizendo que a razão, primária e principalmente, trata de universais, mas pode aplicar juízos universais a casos particulares (daí que os silogismos tenham conclusões não só universais, mas também particulares), pois o intelecto, por uma certa reflexão, se estende à matéria, como se diz no *De Anima*[13] III.

[Na resposta à segunda objeção, Tomás complementa] À objeção de que os singulares são infinitos e, portanto, não podem ser abarcados pela razão, respondo dizendo que é por isso que o livro da Sabedoria (9,14) diz: "Incertas são nossas providências." No entanto, pela experiência, a infinidade de casos singulares se reduz a alguns casos finitos que acontecem mais geralmente, e o conhecimento destes é suficiente para a prudência humana.

Questão 47, artigo 4 – A prudência é uma virtude[14].

Como dissemos ao discutir as virtudes em geral, virtude é o que torna bom aquele que a possui e seus atos. Contudo, o bem pode ser considerado em dois sentidos: materialmente, aquilo que é bom; e formalmente[15], sob o aspecto de bondade. O bem, sob o aspecto de bondade, é o objeto da vontade. Portanto, se há hábitos que tornam reta a consideração da razão sem levar em conta a retidão da vontade, eles terão menos caráter de virtude, pois encaminham ao bem materialmente, isto é, àquilo que é bom, mas não por ter caráter formal de bem. Mais caráter de virtude têm aqueles hábitos que se voltam para o bem não só materialmente, mas também formalmente, isto é, para o bem considerado como tal: levando em conta a retidão da vontade. Ora, é próprio da prudência a aplicação da reta razão ao agir, o que não ocorre sem a retidão da vontade. Daí que a prudência possua não só o caráter de virtude que têm as outras virtudes intelectuais, mas também o caráter de virtude das virtudes morais, entre as quais igualmente é enumerada.

Questão 47, artigo 5 – A prudência é uma virtude específica.

Como dissemos anteriormente[16], os atos e os hábitos se especificam por seus objetos, e, portanto, necessariamente, um hábito bom só será uma virtude específica se esse hábito tiver um objeto específico, distinto do de outros hábitos.

Um objeto é considerado específico não somente segundo a consideração material, mas principalmente por causa de sua especificidade formal[17], como mostramos anteriormente[18], pois um e o mesmo pode ser o objeto material de diversos hábitos e de diversas potências, sob aspectos formais diferentes.

No entanto, requer-se maior diversidade de objeto para estabelecer diversidade de potências do que diversidade de hábitos; pois muitos hábitos radicam na mesma potência, como dissemos anteriormente[19]. Por isso uma diferença formal que diversifica potências diversificará muito mais os hábitos.

E assim a prudência, radicada na razão, diferencia-se das demais *virtudes intelectuais* pela diversidade de objetos materiais. Pois a *sabedoria*, a *ciência* e o *entendimento* versam sobre o necessário, enquanto a *arte*[20] e a *prudência* versam sobre aquilo que é contingente: a arte versa sobre o que se pode fazer na matéria exterior, como uma casa ou uma faca etc.; e a prudência sobre o que se pode agir, isto é, diz respeito ao próprio agente. Já em relação às virtudes morais, a prudência distingue-se pelo aspecto formal, a saber, o intelectual, no qual se dá a prudência em oposição ao âmbito apetitivo, das virtudes morais.

E assim é evidente que a prudência é virtude específica, diferente de todas as outras virtudes.

[Na resposta à terceira objeção, Tomás complementa] E assim à objeção de que a prudência não seria uma virtude específica porque seu objeto, "o que se pode agir", é, afinal, comum a toda ação virtuosa, deve-se responder dizendo que a prudência versa sobre as possibilidades de ação formalmente tomadas enquanto objeto da razão, cujo objeto formal é a verdade; já para uma virtude apetitiva, o objeto formal é o bem.

Questão 47, artigo 6 – A prudência não impõe o fim às virtudes morais.

O fim das virtudes morais é o bem humano. O bem da alma humana, porém, é ser segundo a razão[21], como fica evidente no IV cap. de *Div. Nom.* de [Pseudo-]Dionísio[22]. Daí que seja necessário que os fins das virtudes morais preexistam na razão.

Do mesmo modo que na razão especulativa há certos conhecimentos evidentes, naturalmente conhecidos, que competem à "inteligência", e outros conhecimentos derivados a que chegamos por meio deles, como conclusões, que competem à "ciência"[23]; assim também na razão prática preexistem como que certos princípios naturalmente conhecidos e que são os fins das virtudes morais, pois o fim está para as ações assim como o princípio está para a razão especulativa. E há também no âmbito da razão prática o correspondente às conclusões (na razão especulativa), que se dirigem ao fim, por meio das quais atingimos o fim. E este é o papel da prudência: aplicar os princípios universais às conclusões particulares do âmbito do agir. E, assim, não compete à prudência indicar o fim das virtudes morais, mas somente lidar com os meios[24] para atingir o fim.

Questão 47, artigo 7 – É próprio da prudência encontrar o meio[25] das virtudes morais.

O fim de qualquer virtude moral é precisamente o de configurar-se pela reta razão e, assim, a temperança busca que o homem não se afaste da razão por causa das concupiscências; já a fortaleza busca o não afastamento do reto juízo por ação do medo ou da audácia. E esse fim é estabelecido para o homem pela razão natural, que dita ao homem agir sempre de acordo com ela. Mas determinar o modo pelo qual, em cada caso, se atinja esse meio da razão, isto é o que compete à prudência. Ainda que atingir o meio seja o fim da virtude moral, é pela reta disposição dos meios que se pode descobrir esse fim.

Questão 47, artigo 8 – O ato principal da prudência é comandar[26].

Prudência, como vimos acima (a 2), é a reta razão aplicada ao agir. Daí que seu ato principal será o ato que for mais importante para o agir fundado na razão.

Ora, a prudência comporta três atos: o primeiro é aconselhar, que diz respeito à descoberta, pois aconselhar é inquirir; o segundo ato é julgar, avaliar o que se descobriu, e este é um ato da razão especulativa. Mas a razão prática, que se volta para o agir, vai mais além no terceiro ato, que é comandar: aplicar ao agir o que foi aconselhado e julgado. E como este é o ato mais próximo ao fim da razão prática é também o principal ato dela e, portanto, da prudência. Um sinal claro disso é que a perfeição de uma arte consiste em julgar, e não em comandar: considera-se melhor artífice aquele que, de propósito, erra em sua arte do que aquele que erra sem querer, pois neste caso há um erro de juízo. Mas na prudência ocorre o contrário; como diz *Ethic.*[27] VI, 5, é mais imprudente quem erra sabendo (pois atenta contra o ato principal da prudência) do que quem erra sem querer.

Questão 47, artigo 9 – A solicitude pertence à prudência.

Isidoro diz (*Etym.* X) que "solícito" é como que "sagaz e rápido" (*solers citus*), pois por uma certa sagacidade de ânimo é rápido em empreender as ações devidas.

Ora, isto é próprio da prudência, cujo ato principal a respeito do agir é ordenar a ação do que já foi objeto de conselho e juízo. Daí que o Filósofo afirme (*Ethic.* VI, 9) que "deve-se realizar rapidamente a ação sobre a qual já se tomou conselho; já o conselho, este deve ser realizado com vagar". Daí que a solicitude pertença propriamente à prudência. É por isso que Agostinho afirma (*De Morib. Eccl.* XXIV) que "a prudência está alerta e em vigilância diligentíssima, para que não aconteça que venhamos a cair pelo mau conselho que se insinua pouco a pouco".

[Na resposta à segunda objeção, Tomás complementa] À objeção de que a solicitude se opõe a algo próprio da prudência, a certeza da verdade, deve-se responder dizendo que, como afirma o Filósofo (*Ethic.* I, 3), não se deve exigir a mesma certeza em todos os campos, mas a certeza de cada matéria, de acordo com seu modo próprio. E sendo a matéria da prudência os singulares contingentes, sobre os quais se dão as ações humanas, não pode ser a certeza da prudência tão grande que exclua a solicitude.

Questão 47, artigo 10 – A prudência diz respeito não só ao governo de si mesmo, mas também ao governo da coletividade.

Segundo o Filósofo (*Ethic.* VI, 8), alguns sustentaram que a prudência não se estende ao bem comum, mas se refere somente ao bem próprio, pois pensam que o homem não deve buscar senão seu próprio bem. Mas esta posição é contrária à caridade, que não busca seu próprio interesse, como afirma o Apóstolo (1 Cor 13,5). Daí que também o Apóstolo diga de si mesmo: "Não buscando o que é útil para mim, mas o que é de interesse geral, para que se salvem" (1 Cor 10,33). É contrária também à reta razão, que julga o bem comum melhor do que o bem particular. E dado que é próprio da prudência bem aconselhar, julgar e comandar, a respeito dos meios para atingir o fim devido, é evidente que a prudência diz respeito não só ao bem privado de um homem, mas também ao bem comum da coletividade.

[Na resposta à segunda objeção, Tomás complementa] Contra a objeção de que quem busca o bem comum pode se descuidar de seu bem próprio, deve-se responder que quem busca o bem comum, coletivo, busca também, consequentemente, seu próprio bem, por duas razões. A primeira, porque não se pode dar o bem próprio sem o bem comum: da família, da cidade ou do reino. Daí que Máximo Valério [*Fact. et Dict. Memor.* IV, 6] diga dos antigos romanos que eles preferiam ser pobres em um império rico a ser ricos em um império pobre. A segunda razão é que, sendo o homem parte de uma casa e de uma cidade, necessariamente deve considerar o que é bom para si pelo que é prudente para o bem da coletividade, pois o bem da parte depende de sua relação com o todo, já que, como diz Agostinho no livro das *Confissões* III, 8, "torpe é toda parte que não está em harmonia com seu todo".

Questão 47, artigo 11 – A prudência que diz respeito ao bem próprio não é a mesma que a que se estende ao bem comum.

Como dissemos em outro lugar[28], as espécies de hábitos procedem da diversidade de objetos formais.

Ora, o aspecto formal de algo que se dirige a um fim está determinado pelo próprio fim, como dissemos acima[29]. E assim é necessário que as espécies de hábitos se diversifiquem de acordo com os distintos fins. Ora, são diferentes fins o bem próprio de um homem, o bem da família, o da cidade, o do reino. Daí que necessariamente haja diferentes prudências, de acordo com esses diferentes fins: a prudência propriamente dita, que se volta para o bem do próprio homem; a prudência doméstica[30], que se dirige ao bem comum da casa ou da família, e uma terceira prudência, política, que se ordena ao bem comum da cidade ou do reino.

Questão 47, artigo 12 – A prudência não é só para os governantes, mas também para os súditos.

A prudência está na razão. Ora, reger e governar é próprio da razão e, assim, na medida em que cada um participa do governo ou da direção, convém que exerça a prudência e a razão. É evidente, porém, que não compete ao servo *enquanto servo* nem ao súdito *enquanto súdito* dirigir ou governar, e por isso a prudência não é do servo enquanto servo nem do súdito enquanto súdito. Mas, dado que todo homem, sendo racional, tem uma participação no governo segundo o juízo da razão, nessa medida lhe compete ter prudência. É, pois, evidente que a prudência está no príncipe a modo de arte arquitetônica, como se diz em *Ethic.* VI, 8, e nos súditos a modo de arte manual.

Questão 47, artigo 13 – Não pode haver prudência nos pecadores.

Prudência pode ter três sentidos:

1) Há uma falsa prudência, que é designada como prudência por semelhança com a verdadeira, pois, sendo o prudente aquele que dispõe o que há de fazer para atingir um fim bom, assim também aquele que dispõe acertadamente o que há de fazer para conseguir um fim mau tem a prudência falsa; falsa, pois seu fim não é bom, embora seu procedimento assemelhe-se ao do prudente, como quando dizemos que alguém é muito bom ladrão. E assim, por semelhança, fala-se de ladrões prudentes: os que sabem encontrar os meios adequados para roubar. É dessa "prudência" que fala o Apóstolo: "A prudência da carne é morte" (Rm 8,6), porque erige como supremo fim os prazeres da carne.

2) Uma segunda prudência é verdadeira, porque encontra os caminhos adequados para atingir um fim bom. Mas ela é imperfeita por duas razões. Em primeiro lugar, porque o bem que toma como fim não é o fim comum da vida humana como um todo, mas somente o de um setor fragmentário, como quando alguém encontra modos adequados de negociar ou de navegar, e diz-se desse alguém que é um negociante prudente ou navegador prudente. Em segundo lugar, é uma prudência imperfeita porque falha no ato principal da prudência, como no caso de alguém que tem bom conselho e julga retamente também quanto à totalidade da vida, mas não comanda com eficácia.

3) Uma terceira prudência, verdadeira e perfeita[31], é a que – em relação ao bem da vida como um todo – retamente aconselha, julga e comanda. Só esta pode ser chamada de prudência sem mais e não pode se dar nos pecadores. A primeira prudência dá-se só nos pecadores; a segunda, a imperfeita, é comum a bons e maus, especialmente no caso de ser imperfeita em razão do fim particular, pois a que é imperfeita por defeito no ato principal só se dá nos maus.

[Na resposta à segunda objeção, Tomás complementa] Contra a objeção de que há muitos pecadores com bom conselho (e o bom conselho é próprio da prudência), deve-se responder que os pecadores podem ter bom conselho para algum fim mau ou para algum bem particular, mas, em relação ao bem da vida como um todo, eles não têm, de modo completo, bom conselho, visto que aquele bem não se realiza em suas vidas. Daí que não há neles prudência, que diz respeito somente ao bem, embora, como diz o Filósofo (*Ethic.* VI, 12), dá-se neles a *dinotica*, isto é, uma natural habilidade[32], que pode ser empregada para o bem ou para o mal, ou astúcia, que só é para o mal, e que, como dissemos antes, é falsa prudência ou prudência da carne.

Questão 47, artigo 14 – A prudência está em todos os que estão em graça.

As virtudes necessariamente estão em conexão, de tal modo que quem tem uma tem todas, como mostramos em outro lugar[33]. Ora, quem tem a graça tem a caridade[34] e é necessário que tenha todas as demais virtudes. E sendo a prudência uma virtude, como já mostramos (a 4), necessariamente quem está em graça tem também a prudência.

[Na resposta à primeira objeção, Tomás complementa] Contra a objeção de que a prudência requer uma certa habilidade, pela qual se preveja como se deve agir, e essa habilidade falta em muitos dos que estão em graça, deve-se responder que essa habilidade dá-se em dois sentidos. Em um primeiro sentido, refere-se ao que é necessário para a salvação, e essa habilidade a têm todos os que estão em graça, aos quais "Sua unção tudo ensina" (1 Jo 2,27). Mas há, além dessa, uma outra habilidade mais plena pela qual uma pessoa pode prover a si mesma e a outros não só das coisas necessárias para a salvação, mas também no que se refere à vida humana, e nem todos os que estão em graça têm essa habilidade.

[Na resposta à terceira objeção, Tomás complementa] Contra a objeção: "O Filósofo diz: 'Não consta que os jovens sejam prudentes' (*Topic.* III, 2), e, por outro lado, há muitos jovens que estão em graça e, portanto, nem todos os que estão em graça têm a prudência", deve-se responder que a prudência adquirida é causada pelo exercício de atos e, portanto, requer experiência e tempo, como se diz em *Ethic.* II, 1, e por isso não se pode dar nos jovens nem segundo o hábito nem segundo o ato. Já a prudência gratuita é causada por infusão divina. Daí que está segundo o hábito (mas não segundo o ato) nas crianças batizadas e mesmo nos dementes. Já naqueles que têm uso da razão, está também segundo o ato, em relação àquelas coisas que são necessárias para a salvação. E pelo exercício merece o aumento até chegar a se aperfeiçoar, como as outras virtudes. Por isso, diz o Apóstolo: "A comida sólida é para os perfeitos, aqueles que, pelo costume, têm os sentidos exercitados em discernir o bem e o mal" (Hb 5,14).

Questão 47, artigo 15 – A prudência não se dá naturalmente[35] em nós.

[Antes do *corpus*, no *sed contra*, Tomás argumenta] Contra as objeções, está a afirmação do Filósofo (*Ethic.* II, 1): "as virtudes intelectuais são originadas e se desenvolvem pelo ensino e requerem portanto experiência[36] e tempo". Ora, a prudência sendo virtude intelectual não é inata em nós, mas procede do ensino e da experiência.

Como fica evidente pelo que vimos acima (a 3), a prudência inclui o conhecimento de universais e de particulares para o âmbito da ação, ao qual o homem prudente aplica os princípios universais.

Portanto, no que diz respeito ao conhecimento universal, a prudência coincide com a ciência especulativa, pois – como dissemos acima (a 6) – são naturalmente conhecidos os primeiros princípios universais em ambas, embora deva ser observado que os princípios comuns da prudência[37] são mais conaturais ao homem, já que, como diz o Filósofo (*Ethic.* X, 7), "a vida segundo a contemplação é melhor do que a vida segundo o homem"[38]. Mas os princípios universais posteriores – tanto da razão especulativa como da razão prática – não nos são dados naturalmente, mas os obtemos por descoberta por meio da experiência ou pelo ensino.

Quanto ao conhecimento do particular, que se volta para aquelas realidades envolvidas na ação, também é necessário distinguir: o que diz respeito ao fim e o que diz respeito aos meios para atingir um fim. Os fins da reta vida humana estão determinados e pode haver uma inclinação natural para esses fins e, como dissemos em outro lugar[39], há pessoas que têm por disposição natural certas virtudes que se inclinam aos fins retos e, portanto, têm naturalmente um reto juízo sobre esses fins. Já o que se refere aos meios nas realidades humanas, não é determinado, mas dá-se uma grande variedade, de acordo com as pessoas e as circunstâncias. E, sendo a inclinação da natureza sempre dirigida a algo determinado, o homem não pode possuir os conhecimentos dos meios naturalmente, se bem que alguns têm mais do que outros uma disposição natural mais apta para esses discernimentos, tal como também acontece nas ciências especulativas. E, sendo a prudência relativa a meios e não a fins (a 5), segue-se que a prudência não é natural em nós.

Questão 47, artigo 16 – Se se pode perder a prudência por esquecimento.

O esquecimento diz respeito somente ao conhecimento e, portanto, pode-se por esquecimento perder totalmente arte e ciência, que consistem em razão. Mas a prudência não consiste totalmente em razão, mas também em apetite, já que, como dissemos (a 8), seu ato principal é comandar: aplicar o conhecimento adquirido ao apetite e à ação. Por isso, a prudência não é suprimida diretamente pelo esquecimento, mas mais se corrompe pelas paixões, pois diz o Filósofo (*Ethic.* VI) que o prazer e a tristeza pervertem a estimação prudente. Daí que o livro de Daniel (13,56) diga: "A beleza te seduziu e a paixão perverteu teu coração"; e Êxodo (23,8): "Não aceites presentes, que cegam até os prudentes."

O esquecimento, porém, pode tornar-se um impedimento para a prudência, já que ela, para comandar, precisa de alguns conhecimentos, que, pelo esquecimento, podem desaparecer.

Questão 48

AS PARTES DA PRUDÊNCIA

Questão 48, artigo único

Há três tipos de partes: *integrais* – e nesse sentido parede, teto e alicerce são partes da casa –, *subjetivas* – e nesse sentido boi e leão são partes do gênero animal – e *potenciais*, como as dimensões nutritiva e sensitiva são partes da alma. Há, assim, três modos segundo os quais se podem atribuir partes a uma virtude.

De um primeiro modo, dizemos ser partes da virtude, à semelhança das partes integrais, aquelas que concorrem para a plenitude do ato da virtude. E neste caso podem-se enumerar oito partes da prudência, a saber, as seis indicadas por Macróbio (*In Somn. Scip.* I) – *razão, inteligência, circunspecção, previdência, docilidade* e *prevenção* –, mais uma sétima, a *memória*, indicada por Cícero, e a *sagacidade* (*eustokhía*), apontada por Aristóteles (o "senso" da prudência, de que fala Aristóteles, já está incluído em nossa lista como inteligência, pois o próprio Filósofo diz – *Ethic.* VI, 11 – "Em todos esses casos é necessário ter senso, isto é, inteligência").

Dessas oito partes, cinco pertencem à prudência em sua dimensão cognoscitiva e são: *memória, razão, inteligência*, *docilidade* e *sagacidade*; as outras três pertencem à prudência em sua dimensão de comando, que aplica o conhecimento à ação, e são: *previdência*, *circunspecção* e *prevenção*.

A razão da distinção entre essas virtudes torna-se evidente a partir de três aspectos do conhecimento.

Em primeiro lugar, o conhecimento em si mesmo, que, se se refere ao passado, é *memória*; se se refere ao presente – quer se trate de realidades contingentes ou necessárias –, chama-se intelecto ou *inteligência*.

Em segundo lugar, a obtenção do conhecimento: se se faz por ensino, dá lugar à *docilidade*; se por descoberta, *eustokhía*, que é conjecturar bem. Uma parte desta (como se lê em *Ethic.* VI) é a *sagacidade*: a rápida conjectura dos meios, como se lê em *Poster.* I, 9.

Em terceiro lugar, deve-se considerar o uso do conhecimento, pois a partir de coisas conhecidas passamos a conhecer ou a julgar outras, o que é próprio da *razão*. A razão, porém, para bem comandar, requer três qualidades. Em primeiro lugar, deve ordenar algo adequado ao fim, o que é assumido pela *previdência*. Em segundo lugar, deve considerar as circunstâncias da situação, o que é assumido pela *circunspecção*. Em terceiro lugar, deve evitar os obstáculos, o que é assumido pela *prevenção*.

Chamam-se partes subjetivas de uma virtude as suas diversas espécies. Essas partes, no caso da prudência, tomadas em sentido próprio, são a prudência pela qual uma pessoa governa a si mesma e a prudência pela qual governa grupos, os quais, como dissemos[40], são de distintas espécies, o que implica também distintas espécies de prudência. Há grupos unidos em torno a um propósito comum, como o exército que se constitui para a luta, e que se rege pela *prudência militar*. Outros grupos estão unidos para toda a vida, como o de uma casa ou família, que se regem pela *prudência doméstica*, e o grupo de uma cidade ou reino e, neste caso, para governá-lo se requer do governante a *prudência de reinar* e dos súditos a *prudência política*, em sentido geral.

Porém, se tomamos a prudência em sentido amplo, abrangendo também a ciência especulativa, como dissemos em outro lugar[41], então, neste caso, teremos como suas partes a dialética, a retórica e a física, de acordo com os três modos de proceder das ciências: em primeiro lugar, a demonstração, que gera a ciência, como no caso da física, que representa aqui todas as ciências demonstrativas; um segundo modo versa sobre aquilo que é provável e forma a opinião, o que é próprio da dialética; o terceiro modo, a partir de certas conjecturas, induz a uma certa suspeita ou à persuasão, o que compete à retórica. Pode-se, no entanto, dizer que esses três modos competem à prudência propriamente dita, a qual raciocina às vezes a partir de premissas necessárias; outras vezes, a partir de prováveis; e outras, ainda, a partir de conjecturas.

As partes potenciais de uma virtude são aquelas virtudes a ela anexas, que se voltam para outros atos ou matérias secundárias e como que não realizam totalmente a potencialidade da virtude principal. E nesse sentido estabelecem-se partes da prudência: *eu-*

boulía, que diz respeito ao conselho; *synesis*, que diz respeito ao juízo sobre as coisas que acontecem ordinariamente; e *gnóme*, que diz respeito ao juízo sobre as coisas nas quais, por vezes, é necessário afastar-se das leis comuns. A prudência, porém, volta-se para o ato principal, que é comandar.

Questão 49

AS PARTES (*QUASI*) INTEGRAIS[42] DA PRUDÊNCIA

Questão 49, artigo 1 – A memória é parte da prudência.

Parece que a memória não é parte da prudência.

1ª objeção. A memória, como mostra o Filósofo (*De Memor. et Remin.* I), está na parte sensitiva da alma. Já a prudência está na parte racional, como fica claro em *Ethic.* VI, 5. Logo, a memória não é parte da prudência.

2ª objeção. A prudência é adquirida e se desenvolve pelo exercício, enquanto a memória está em nós por natureza e, portanto, não é parte da prudência.

3ª objeção. A memória se dá sobre o passado; a prudência sobre as possibilidades de ação futura, sobre as quais versa o conselho, como se mostra em *Ethic.* VI, 2,7. Logo, a memória não é parte da prudência.

Mas, pelo contrário, Cícero (*De Invent. Rhet.* II, 53) inclui a memória entre as partes da prudência.

Respondo que se deve dizer que a prudência, como mostramos acima[43], versa sobre matérias contingentes do agir e, nesse campo, o homem não pode se guiar por verdades absolutas e necessárias, mas somente pelo que acontece na maioria dos casos, pois os princípios devem ser proporcionais às conclusões, que serão da mesma ordem que os princípios, como se diz em *Ethic.* VI [*Anal. Post.* I, 32]. Agora, é necessário considerar a experiência para saber o que é verdade na maioria dos casos, daí que o Filósofo afirme (*Ethic.* II, 1) que "a virtude intelectual é gerada e desenvolvida pela experiência e pelo tempo". A experiência, por sua vez, resulta de muitas lembranças, como fica claro em *Metaph.* I, 1. Daí decorre que para que haja prudência são necessárias muitas lembranças. Portanto, é adequadamente que se considera a memória como parte da prudência.

Contra a primeira objeção deve-se dizer que, como já mostramos[44], a prudência aplica o conhecimento universal aos casos particulares, dos quais se ocupam os sentidos. Daí que a prudência requer muito da parte sensitiva, na qual se inclui a memória.

Contra a segunda objeção deve-se dizer que a disposição para a prudência de fato nos é conatural, mas seu desenvolvimento vem pelo exercício ou pela graça, como diz Cícero em sua *Retórica* (III, 16): a memória não se desenvolve só por natureza, mas por diversas técnicas e expedientes. E há quatro modos de aperfeiçoar a memória:

1) Estabelecer associações por semelhanças adequadas para o que se quer recordar. Mas não semelhanças usuais, pois com o que é invulgar nos admiramos mais e assim as impressões ficam mais fortemente gravadas: é por esta razão que nos lembramos mais das coisas que vimos na infância. E, assim, é necessário encontrar semelhanças ou imagens para o que queremos recordar, pois o simples e o espiritual facilmente se desvanecem se não estiverem como que amarrados a alguma semelhança corpórea. E isso porque o conhecimento humano é mais forte com relação ao sensível, e essa é a razão pela qual se situa a memória na parte sensitiva da alma[45].

2) É necessário organizar e dispor em ordem aquilo que se quer lembrar, de tal modo que haja uma associação de lembranças por encadeamento. Daí que o Filósofo diga (*De Memor. et Remin.* II) que um lugar, por vezes, nos traz lembranças, pois rapidamente associamos uma coisa a outra.

3) É necessário que o homem tenha solicitude e afeto para com aquilo que quer recordar, pois, quanto mais gravadas fiquem as impressões em nós, menos se esvaem. Daí que Cícero afirme em sua *Retórica* (I, 3) que a solicitude conserva íntegras as figuras das imagens.

4) É necessário meditar frequentemente sobre o que queremos guardar na memória. Daí que o Filósofo diga (*De Memoria* I) que as meditações preservam a memória, pois, como se diz no mesmo livro (*De Memoria* II): "o costume é como que uma natureza". Daí que nos lembramos rapidamente do que muitas

vezes consideramos, associando, como que naturalmente, uma coisa a outra.

Contra a terceira objeção, deve-se dizer que devemos tomar do passado como que argumentos para examinar situações do futuro. E, assim, a memória dos fatos passados é necessária para bem aconselhar sobre o futuro.

Questão 49, artigo 2 – A inteligência é parte da prudência.

"Inteligência", aqui, não é entendida como faculdade intelectiva, mas como a capacidade intelectual enquanto responsável pela reta avaliação de um princípio primeiro, evidente por si mesmo, e assim falamos em inteligência dos primeiros princípios.

Ora, toda dedução da razão procede de certos princípios, que se tomam como primeiros, e, portanto, é necessário que todo processo da razão proceda de alguma inteligência. E, sendo a prudência a reta razão aplicada ao agir, é necessário que todo seu processo decorra da inteligência. Portanto, a inteligência é considerada parte da prudência.

[Na resposta à primeira objeção, Tomás complementa] O ato da prudência termina, como uma conclusão, num voltar-se à ação particular, à qual se aplica um conhecimento universal. A conclusão singular, porém, decorre de um silogismo de uma proposição universal e de uma particular. Daí que, necessariamente, a razão da prudência proceda de "duas inteligências", uma das quais é voltada para o conhecimento dos universais: a inteligência que é virtude intelectual, pela qual conhecemos não só os princípios teóricos, mas também os princípios práticos, como o de não fazer mal a ninguém, como já dissemos[46]. Há, porém, uma outra inteligência, a qual – como se diz em *Ethic.* VI, 11 – é conhecedora do polo do outro extremo: de algum singular e contingente primário, relevante para a ação, fornecendo a premissa menor, que é necessária no silogismo da prudência, como dissemos. Como esse singular primário é algum fim singular, segue-se que a inteligência, enquanto parte da prudência, é uma certa reta avaliação de algum fim particular.

Questão 49, artigo 3 – A docilidade é parte da prudência.

Como dissemos acima[47], a prudência versa sobre particulares aplicados ao agir, nos quais se dá uma quase infinita diversidade de situações e, portanto, não é possível a um homem considerar suficientemente todas elas, em um curto período, pois requerem longo tempo.

Portanto, no que diz respeito à prudência, é necessário que o homem aprenda de outros, especialmente dos anciãos, que adquiriram uma sadia inteligência a respeito dos fins aplicados à ação.

Daí que o Filósofo diga (*Ethic.* VI, 11) que devemos prestar atenção às opiniões e sentenças dos experientes e anciãos e dos prudentes não menos que às demonstrações, pois pela experiência eles veem os princípios. Daí que o livro de Provérbios (3,5) afirme: "Não te apoies em tua prudência"; e o Eclesiástico (6,34): "Busca a reunião dos anciãos e comunga de coração com a sabedoria deles."

Ora, o que é próprio da docilidade é a abertura para aprender, e por isso a docilidade é convenientemente enumerada como parte da prudência.

Questão 49, artigo 4 – A sagacidade é parte da prudência.

É próprio do homem prudente a avaliação reta do modo de agir. Mas essa reta avaliação ou opinião para o agir se obtém, tal como no pensamento teórico, por dois modos: por descoberta própria ou aprendendo de outro.

E, assim como é próprio da docilidade a disposição para receber de outro uma reta opinião, é próprio da sagacidade a disposição para adquirir uma reta apreciação por si mesmo; considerando a sagacidade como *eustokhía*, virtude da qual é parte.

Pois a *eustokhía* é bem conjecturar em relação a qualquer assunto, enquanto a sagacidade é o conjecturar rápida e facilmente sobre a descoberta do meio, como diz Aristóteles em *Poster.* I, 34.

No entanto, aquele filósofo[48] que considera a sagacidade como parte da prudência na verdade está tomando-a como a *eustokhía* em geral, pois diz que a sagacidade é o hábito pelo qual rapidamente se encontra o que convém.

Questão 49, artigo 5 – A razão[49] é parte da prudência.

O que a prudência faz é aconselhar bem, como se diz em *Ethic.* VI, 7. Ora, o conselho é uma investigação que discorre disto para aquilo, que é o que faz a razão. Daí que para que haja prudência é necessário que o homem raciocine bem. E, como as virtudes que são necessárias para a perfeição da prudência são chamados requisitos ou partes *quasi integrais* da prudência, a razão deve ser contada entre as partes da prudência.

[Na resposta à primeira objeção, Tomás complementa] Contra a objeção de que a razão é necessária para todas as virtudes intelectuais, especialmente a *sabedoria* e a *ciência*, que se valem da razão demonstrativa, e portanto não poderia a razão ser parte da prudência, deve-se responder que a certeza da razão procede da inteligência, mas a necessidade de nos valermos da razão deriva da imperfeição da inteligência; os seres dotados plenamente de intelecto não necessitam de razão, mas por uma simples intuição apreendem totalmente a verdade, como é o caso de Deus e dos anjos.

Ora, as ações particulares, que são dirigidas pela prudência, distam muito da condição de serem apreendidas pelo intelecto: tanto mais quanto mais incertas ou indeterminadas são. Já os procedimentos das artes, embora sejam singulares, são mais determinados e certos, e daí que, em muitos casos, sobre eles não se dá conselho porque há certeza, como se diz em *Ethic.* III, 3. E assim, embora em algumas outras virtudes intelectuais a razão tenha mais certeza do que na prudência, é a prudência que requer maximamente que o homem raciocine bem, para que possa aplicar bem os princípios universais aos casos particulares, que são variados e incertos.

Questão 49, artigo 6 – A previdência é parte da prudência.

Como dissemos acima[50], a prudência propriamente ocupa-se dos meios, e sua missão própria é a de como encaminhá-los devidamente ao fim.

Se bem que haja algumas coisas necessárias para atingir o fim que dependam da divina providência; da prudência humana, no entanto, dependem somente ações contingentes que podem ser feitas pelo homem para atingir um fim.

Ora, as ações passadas revestem-se de uma certa necessidade, pois o que ocorreu, ocorreu e é impossível negar-lhe o ser. Desse modo, também as ações presentes têm uma certa necessidade: necessariamente Sócrates está sentado, quando se senta. Daí que seja próprio da prudência ocupar-se dos futuros contingentes enquanto podem ser dirigidos pelo homem para o fim da vida humana.

Questão 49 – As partes (quasi) integrais da prudência

Esses dois elementos estão contidos na palavra *previdência*, pois ela se refere a algo distante e para o qual devemos encaminhar o presente. E assim a previdência é parte da prudência.

[Na resposta à primeira objeção, Tomás complementa] Contra a objeção de que a previsão não pode ser parte da prudência, pois se identificaria com ela, deve-se responder que, quando algo se compõe de muitas partes, uma delas é a principal, e em função dela se subordinam as demais. Daí que em qualquer todo deve haver uma parte formal e predominante, da qual o todo recebe sua unidade. Nesse sentido, a previdência é a principal entre as partes da prudência, pois todas as outras coisas que se requerem para que haja prudência são necessárias precisamente para que algo se dirija retamente ao fim. E assim o nome prudência vem de providência, a previsão, que é sua parte principal.

[Na resposta à terceira objeção, Tomás complementa] Contra a objeção de que a previdência nada teria que ver com os atos da prudência – comandar, julgar e aconselhar – deve-se responder dizendo que na reta ordenação ao fim, que é da essência da previdência, incluem-se a retidão do conselho, a do juízo e a do comando, necessárias para que haja reta ordenação ao fim.

Questão 49, artigo 7 – A circunspecção é parte da prudência.

Como já dissemos (a. 6), o principal na prudência é a reta ordenação ao fim. Isto só ocorre com retidão se o fim for bom e se o que conduz ao fim também for bom e adequado ao fim.

Ora, a prudência, como já dissemos (a. 3), dá-se sobre as possibilidades de ações particulares, nas quais coexiste uma multiplicidade de fatores, e pode acontecer que haja algo em si mesmo bom e adequado ao fim, mas que se torne mau ou não adequado ao fim por conta de algum daqueles múltiplos fatores que concorrem na ação.

Assim, por exemplo, dar mostras de amor a uma pessoa é um ato que, considerado em si mesmo, parece conveniente para suscitar o amor no coração dessa pessoa, mas não será adequado ao fim, se se der a circunstância de essa pessoa estar tomada pela soberba ou pela desconfiança de que a querem adular. Por isso a circunspecção é necessária para a prudência: para que o homem avalie o que conduz ao fim em função das circunstâncias.

[Na resposta à primeira objeção, Tomás complementa] Contra a objeção de que as circunstâncias são infinitas, deve-se responder que as que ocorrem em ato não o são; e poucos são os aspectos que podem afetar a tomada de decisão para agir em cada caso.

Questão 49, artigo 8 – A prevenção é parte da prudência.

A prudência dá-se em relação a ações contingentes nas quais, assim como o verdadeiro pode misturar-se ao falso, assim também o mal pode misturar-se ao bem, por causa da variedade de situações em que se dão essas ações nas quais o bem frequentemente está obstruído pelo mal e o mal se apresenta com aspecto de bem. Por isso a prevenção é necessária para a prudência: para acolher os bens, evitando os males.

[Na resposta à terceira objeção, Tomás complementa] Contra a objeção de que é impossível prever todos os males, deve-se responder que, dentre os males que o homem pode evitar, há alguns que costumam ocorrer frequentemente e podem ser apreendidos pela razão. E é contra esses males que a precaução atua, para evitá-los totalmente ou, ao menos, atenuá-los. Há outros tipos de males, que ocorrem com menos frequência e ao sabor do acaso. Estes males, por serem infinitos, não podem ser abarcados pela razão nem é possível se precaver suficientemente contra eles, se bem que, exercendo a prudência, o homem pode se preparar para as adversidades do acaso e, assim, diminuir seus danos.

Questão 50

AS PARTES SUBJETIVAS DA PRUDÊNCIA

Questão 50, artigo 1 – A prudência de reinar é uma espécie de prudência.

Como dissemos acima[51], é próprio da prudência dirigir e mandar. E assim, aí onde houver uma razão específica de direção ou comando nos atos humanos, aí haverá também uma espécie de prudência. E é evidente que tal é o caso de uma específica e perfeita direção e comando: o de quem deve reger não só a si mesmo, mas também uma comunidade perfeita, a de uma cidade ou um reino, pois um governo é tanto mais perfeito quanto mais universal, estendendo-se a mais âmbitos e visando a fins mais elevados. E assim, por uma razão específica e perfeitíssima, a prudência compete ao rei, que deve governar a cidade ou o reino. Por isso a prudência de reinar está entre as espécies de prudência.

Questão 50, artigo 2 – A prudência política é convenientemente considerada uma espécie de prudência.

O servo é movido pelo comando do senhor; o súdito, pelo do governante, mas de modo diferente de como são movidos os animais irracionais e os objetos inanimados por quem os move. Pois os irracionais e as coisas são impelidos e não agem por si mesmos, pois não dominam seus atos pelo livre-arbítrio. Daí que a retidão de seu governo não está neles, mas só em quem os dirige. Já no caso dos homens que são servos e de qualquer tipo de súditos, eles são regidos pelo comando de outro, mas movem a si mesmos pelo livre-arbítrio e, por isso, devem ter uma certa retidão de governo, para dirigir-se a si mesmos na obediência aos governantes. E essa é a função própria da espécie de prudência chamada política.

[Na resposta à terceira objeção, Tomás complementa] O homem se dirige a seu próprio bem pela prudência geral; mas pela prudência política, de que falamos, ele se dirige ao bem comum.

Questão 50, artigo 3 – A prudência doméstica é uma espécie de prudência.

Diferentes aspectos de um objeto – se se o considera segundo o universal e o particular, ou segundo o todo e a parte – dão origem à diversidade das artes e das virtudes e, nessa diversidade, uma é principal em relação à outra.

Ora, é evidente que a família[52] ocupa lugar intermediário entre a pessoa singular e a cidade ou o reino, pois, assim como uma pessoa é parte da família, assim também uma família é parte da cidade ou do reino. E, assim como a prudência em geral, pela qual alguém se governa a si mesmo, é diferente da prudência política, assim também é necessário que a prudência doméstica se diferencie de ambas.

Questão 50, artigo 4 – A prudência militar é uma espécie de prudência.

Tudo o que é feito segundo a arte e a razão deve ser conforme ao que é segundo a natureza, instituída pela razão divina.

Ora, a natureza tem uma dupla tendência: por um lado, a de reger cada realidade em si mesma e, por outro, a de resistir contra os perigos de fora, que se oponham a ela ou possam destruí-la. Por isso, dotou os animais não só de faculdade concupiscível, para que busquem aquilo que é conveniente para sua conservação, mas também de faculdade irascível, pela qual o animal resiste aos perigos que o ameaçam. Assim, também nas coisas que são feitas segundo a razão, é necessário que haja não só prudência política – que dispõe convenientemente o que diz respeito ao bem comum –, mas também a prudência militar, que rechace os ataques dos inimigos.

A prudência

[Na resposta à terceira objeção, Tomás complementa] Contra a objeção de que existe uma arte militar, mas não uma prudência militar, deve-se responder que a realidade militar, de fato, admite uma arte, que regula o bom uso de coisas exteriores, como por exemplo armas e cavalos, mas enquanto está dirigida ao bem comum tem mais caráter de prudência.

Questão 51

AS PARTES POTENCIAIS DA PRUDÊNCIA

Questão 51, artigo 1 – A euboulía é virtude.

Como dissemos acima[53], é próprio da virtude tornar bom o ato do homem. Ora, entre outros aspectos, é próprio do homem o conselho, pois isto requer uma discussão a respeito das ações e nelas consiste a vida humana, pois a vida contemplativa está acima do homem, como diz o Filósofo em *Ethic.* VI, 9.

Ora, a *euboulía* implica bondade do conselho e se chama assim porque *eu* significa, em grego, *bom*, e *boulé*, *conselho*. Assim, *euboulía* é "bom conselho", ou melhor, "aconselhar bem". Daí que, evidentemente, a *euboulía* é virtude humana.

[Na resposta à segunda objeção, Tomás complementa] À objeção de que a virtude é uma certa perfeição e a *euboulía*, que versa sobre o conselho, delibera entre dúvidas e argumentos, que são imperfeições, e portanto a *euboulía* não seria virtude, deve-se responder que, embora a virtude seja essencialmente uma certa perfeição, não se segue daí que tudo o que seja matéria da virtude implique perfeição.

Deve-se dizer também que a virtude humana é perfeição de acordo com o modo de ser do homem, que não pode abarcar com certeza num simples olhar a verdade das coisas, especialmente se se trata de suas ações, que são contingentes.

Questão 51, artigo 2 – *A* **euboulía** *é virtude distinta da prudência.*

Como dissemos acima[54], a virtude se dirige propriamente ao ato, tornando-o bom. E, assim, é necessário que a diferentes atos correspondam diferentes virtudes, especialmente quando o caráter de bem dos atos não é o mesmo. Pois, se vários atos tiverem o mesmo caráter de bem, pertencerão todos à mesma virtude, como a bondade do amor, o desejo e a alegria, por dependerem do mesmo bem, pertencem à mesma virtude da caridade.

No caso, os atos da razão ordenados à ação são diferentes e diferente é também o caráter de bondade de cada um deles: um leva o homem a aconselhar bem; outro, a julgar bem; outro, ainda, a comandar bem, como fica evidente pelo fato de que algumas vezes dão-se de modo separado e independente uns dos outros.

Daí que devem ser distintas as virtudes da *euboulía*, que leva o homem a aconselhar bem, e a da prudência, que o leva a comandar bem. E, assim como aconselhar está subordinado ao comandar, assim também a *euboulía* à prudência, como virtude principal, sem a qual nem ela mesma seria virtude, do mesmo modo que também as virtudes morais não são virtudes sem a prudência, nem as outras virtudes sem a caridade.

Questão 51, artigo 3 – A **synesis** *é virtude distinta da prudência.*

A *synesis* leva a um juízo reto não na ordem especulativa, mas no âmbito das ações particulares, para as quais também se volta a prudência. Daí que, em grego, de acordo com o sentido da palavra *synesis*, diz-se de alguns homens que são *syneti*, isto é, sensatos, ou *eusyneti*, homens de bom senso, e, pelo contrário, os que carecem dessa virtude são chamados de *asyneti*, insensatos.

Ora, atos diferentes que não se reduzem à mesma causa, necessariamente, remetem a virtudes diferentes. E é evidente que bondade de conselho e bondade de juízo não se reduzem à mesma causa: há muitos que são bons para aconselhar, mas não têm bom senso para julgar retamente.

O mesmo ocorre na ordem teórica: alguns são bons discutidores por causa de sua razão hábil em discorrer de umas coisas a outras, o que parece provir da disposição da imaginação que facilmente pode formar diversas imagens e, no entanto, esses mesmos, às vezes, não são bons para julgar, por defeito da inteligência, que se dá sobretudo pela má disposição do sentido comum, que não julga bem.

Portanto, além da *euboulía*, é necessário haver outra virtude, para o bem julgar. E essa virtude é a que se chama *synesis*.

[Na resposta à primeira objeção – a *synesis* parece ser inata e, portanto, não seria virtude –, Tomás complementa] O juízo reto consiste em que a faculdade cognoscitiva apreenda uma coisa como ela é em si mesma. Isto se dá por uma reta disposição da faculdade apreensiva, que, da mesma forma que um espelho que se encontra em boas condições, reproduz as formas dos corpos como elas são; se o espelho, porém, não estiver em boas condições, as imagens aparecerão distorcidas e deformadas.

Ora, a boa disposição da faculdade cognoscitiva para receber as coisas tais quais elas são provém em sua raiz da natureza e se consuma pela prática ou como um dom da graça, o que pode ocorrer de dois modos. De um primeiro modo, diretamente por parte da própria capacidade cognoscitiva que, por exemplo, não está imbuída de concepções depravadas, mas verdadeiras e retas, e isto é próprio da *synesis* enquanto virtude específica. De um segundo modo, indiretamente, pela boa disposição da vontade, da qual procede que o homem julgue bem das coisas desejáveis. E, assim, um bom juízo da virtude depende dos hábitos das virtudes morais, mas a respeito dos fins, enquanto a *synesis* se volta mais para os meios que conduzem ao fim.

Questão 51, artigo 4 – A gnóme *é virtude específica, distinta da* synesis.

Os hábitos cognoscitivos se distinguem por seus princípios mais ou menos elevados. Assim, na ordem especulativa, a sabedoria considera princípios mais elevados do que a ciência e por isso distingue-se dela. O mesmo necessariamente ocorre na ordem da ação. Ora, é evidente que o que se subtrai à ordem de um princípio ou causa inferior algumas vezes se reduz à ordem de um princípio superior: como os nascimentos monstruosos dos animais; estão à margem da virtude ativa do sêmen, no entanto recaem sob a ordem de um princípio superior, o dos corpos celestes ou, indo ainda mais longe, a da providência divina. Daí que quem considera a virtude ativa do sêmen não poderia emitir um juízo certo sobre esses monstros; poderia, no entanto, julgá-los pela consideração da divina providência.

Ora, no âmbito da ação, às vezes dá-se o caso de ter de fazer algo à margem das regras usuais, por exemplo não entregar um depósito a seu dono, um inimigo da pátria etc. Nesses casos é necessário julgar segundo alguns princípios superiores às regras comuns, pelas quais julga a *synesis*. E julgar segundo esses princípios mais elevados corresponde a uma mais elevada virtude judicativa, que se chama *gnóme* e exige uma certa perspicácia de juízo.

[Juntamos aqui, dada a proximidade do tema da *gnóme*, o artigo 1 de II-II, 120, no qual Tomás trata da virtude da epiqueia, virtude anexa à justiça.]

A prudência

II-II, 120, 1 – A epiqueia é virtude.

Os atos humanos – sobre os quais incidem as leis – são singulares e contingentes, e, portanto, podem se dar com uma infinita variedade de modos.

Daí que não seja possível estabelecer uma lei que não falhe em algum caso concreto. Os legisladores, ao elaborarem as leis, visam o que acontece na maioria dos casos, e observar a lei em alguns casos atenta contra a equidade da justiça e contra o bem comum, que é o que a lei visa.

É o que acontece, por exemplo, com a lei que obriga a restituir o depósito, o que – na maioria dos casos – é justo. Há casos, porém, em que essa restituição seria nociva, como quando um louco, em estado furioso, reclama sua espada, que ele tinha deixado em depósito, ou quando alguém requer o que deixou em depósito para atacar a pátria.

Nesses casos e em casos semelhantes, é mau seguir o que está estabelecido pela lei; e, pelo contrário, é bom passar por cima da letra da lei e seguir o que pede o espírito de justiça e a utilidade comum. E é isso que faz a epiqueia, que entre nós se chama equidade. Fica assim evidente que a epiqueia é virtude.

[Na resposta à primeira objeção, Tomás complementa] Contra a objeção de que essa virtude se oporia à justiça e à severidade, deve-se responder que a epiqueia não se opõe à justiça, mas à "justiça" de uma determinada lei. Nem se opõe à virtude da severidade – que segue a verdade da lei nos casos em que é necessário –, pois seguir a letra da lei quando não é necessário é vício. Daí que se diga no código *De Legibus et Constit. Princip.*: "Não há dúvida de que atenta contra a lei quem se aferra à letra da lei contra o espírito da lei."

[Na resposta à segunda objeção, Tomás complementa] Contra a objeção de que pela epiqueia alguém se erige em juiz da lei, deve-se responder que julga a lei quem diz que ela não foi bem estabelecida; mas quem diz que a letra da lei não deve ser observada neste caso não está julgando a lei, e sim um caso concreto.

Questão **52**

O CONSELHO COMO DOM DO ESPÍRITO SANTO

Questão 52, artigo 1 – O conselho é um dos sete dons do Espírito Santo.

Os dons do Espírito Santo, como dissemos acima[55], são certas disposições que tornam a alma apta para ser bem conduzida pelo Espírito Santo. Mas Deus move tudo segundo o modo de mover de cada realidade: assim, a criatura corpórea, segundo o tempo e o lugar; a criatura espiritual, segundo o tempo, mas não segundo o lugar, como diz Agostinho em *Super Gen. ad Litt.* VIII.

Ora, é próprio da criatura racional mover-se para a ação em função da indagação da razão, e a essa discussão da razão é o que se chama conselho. E, assim, o Espírito Santo move a criatura racional por meio do conselho, e por isso o conselho está incluído entre os dons do Espírito Santo.

[Na resposta à primeira objeção, Tomás complementa] Contra essa objeção – a de que os dons do Espírito Santo são dados para ajudar as virtudes e que para o conselho bastaria a virtude da prudência, a virtude da *euboulía* –, deve-se responder que a prudência ou a *euboulía*, tanto a adquirida como a infusa, dirige o homem na investigação do conselho seguindo os dados que a razão pode conhecer; por isso o homem, pela prudência – pela *euboulía* –, é bom conselheiro para si mesmo ou para os demais. Mas, como a razão humana não pode abarcar os singulares e os contingentes que podem se dar, então vige aquilo que diz a Escritura: "o discorrer dos mortais é temeroso, e incertas são nossas providências" (Sb 9,14). E, assim, o homem, na discussão do conselho, deve ser dirigido por Deus, que compreende tudo. Isto se faz pelo dom do conselho, pelo qual o homem é dirigido como que por conselho recebido de Deus, tal como, nos assuntos humanos, aqueles para quem não é suficiente a própria reflexão de conselho recorrem ao conselho dos mais sábios.

Questão 52, artigo 2 – O dom do conselho corresponde à virtude da prudência.

Um princípio inferior do movimento é principalmente ajudado e aperfeiçoado pelo fato de ser movido por um princípio superior de movimento, como o corpo é movido pelo espírito.

Ora, é evidente que a retidão da razão humana se situa diante da razão divina como um princípio inferior em relação ao superior, pois a razão eterna é a regra suprema de toda retidão humana.

E, assim, a prudência, que pressupõe retidão da razão, é especialmente ajudada e aperfeiçoada ao ser regulada e movida pelo Espírito Santo, o que é característica do dom do conselho, como vimos no artigo anterior. Daí que o dom de conselho corresponda à prudência, enquanto a ajuda e aperfeiçoa.

Questão 52, artigo 3 – O dom do conselho permanece no céu.

Como dissemos acima[56], é próprio dos dons do Espírito Santo que a criatura racional seja movida por Deus. Ora, quanto à moção da mente humana por Deus, devem ser feitas duas considerações.

A primeira é a de que a disposição do movido é diferente durante o processo de movimento e quando este chega ao fim. Com efeito, quando o que move é só princípio do movimento, ao cessar o movimento, atingindo seu termo, cessa também a ação do movente sobre o movido. Como quando, por exemplo, ao concluir-se a edificação de uma casa, ela cessa de ser construída pelo construtor.

Porém – e esta é a segunda consideração –, quando o que move, além do movimento, causa também a própria forma à qual tende o movimento, então sua ação não cessa ao se alcançar essa forma, tal como o sol continua iluminando o ar, mesmo depois de o ar ter sido iluminado. Assim também Deus causa em nós a virtude e o conhecimento, não só quando primeiramente os adquirimos, mas também enquanto neles perseveramos.

E assim, para os que atingiram a vida eterna, Deus dá o conhecimento do que deve ser agido, não como se eles o ignorassem, mas como que continuando esse conhecimento neles.

Há, no entanto, coisas que no Céu são desconhecidas, tanto para os anjos como para os homens: coisas que não são da essência da bem-aventurança final, mas pertencem ao governo das coisas segundo a divina providência. E neste caso deve-se considerar que a inteligência dos que estão no céu e a dos homens que estão na terra são movidas por Deus de modos distintos. Pois, nesta vida, a inteligência é movida por Deus para o agir, acalmando a ansiedade da dúvida que estava antes neles; enquanto, na inteligência dos que estão no céu, dá-se, em relação às coisas que não conhecem, uma simples ignorância, da qual, segundo [o pseudo-]Dionísio (*Coel. Hier.* VII), são purificados até os anjos; neles não há prévia discussão de dúvidas, mas um simples voltar-se para Deus. E isto é consultar a Deus, tal como diz Agostinho (*Gen. ad Lit.* V, 19): "os anjos consultam a Deus sobre as coisas que estão abaixo". Assim também é o dom de conselho nos homens no céu: Deus preserva-lhes o conhecimento do que sabem e ilumina-os no que ignoram do que deve ser agido.

[Na resposta à segunda objeção, Tomás complementa] Contra a segunda objeção – a de que o conselho sempre envolve dúvida e portanto seria descabido no céu – deve-se responder dizendo que a dúvida é própria do conselho nesta vida, mas não no céu. Como também as virtudes cardeais não têm os mesmos atos no céu e nesta vida.

Questão 52, artigo 4 – O dom de conselho corresponde à quinta bem-aventurança: a da misericórdia.

O conselho trata propriamente do que é útil para um fim. Por isso ao conselho devem corresponder especialmente as coisas que são maximamente úteis para o fim. Ora, é o caso da misericórdia, segundo o que diz o Apóstolo: "A piedade é útil para tudo" (1 Tm 4,8). E assim especialmente ao dom do conselho corresponde a bem-aventurança da misericórdia, não como produzindo-o, mas dirigindo-o.

Questão **53**

A IMPRUDÊNCIA

A seguir, deve-se considerar os vícios opostos à prudência. E Agostinho diz (*Contra Iulian.* IV, 3) que para todas as virtudes há não só vícios manifestamente contrários a ela, como a temeridade em relação à prudência, mas também outros que são, de certo modo, próximos à virtude, não na realidade, mas na aparência, como a astúcia em relação à própria prudência. Por isso, primeiramente vamos considerar os vícios frontalmente opostos à prudência, que provêm da falta de prudência, os que procedem da falta de prudência ou das coisas que a prudência exige. Em segundo lugar, consideraremos os vícios que possuem alguma falsa semelhança com a prudência e que procedem de abuso das coisas que a prudência exige. E como é próprio da prudência a diligência, após examinar a imprudência, trataremos da negligência, que se opõe à prudência.

Questão 53, artigo 1 – A imprudência é pecado.

A imprudência pode ser considerada de dois modos: no sentido da privação e no sentido da contrariedade. Não se fala propriamente de imprudência como negação, no sentido de mera carência de prudência, o que pode ocorrer sem pecado. Já como privação, imprudência indica carecer de prudência quem poderia e deveria tê-la. E neste sentido a imprudência é pecado, pela negligência em empenhar-se para adquirir a prudência.

Imprudência, no sentido da contrariedade, é a imprudência pela qual a razão se move ou opera contrariamente à prudência. Como, por exemplo, tendo em conta que a prudência opera com base no conselho, será imprudente aquele que despreza o conselho, e o mesmo se dá em relação aos outros elementos pressupostos pela prudência. Este modo de imprudência é pecado em relação à estrutura essencial da própria prudência, pois não pode acontecer de o homem agir contra a prudência senão infringindo as regras das quais a reta razão da prudência depende.

Daí que, se esse afastamento acontece por aversão às regras divinas, é pecado mortal, como quando alguém age precipitadamente, desprezando e repudiando os preceitos divinos. Se, porém, age à margem dessas regras, sem que haja desprezo e sem detrimento das coisas necessárias para a salvação, é pecado venial.

Questão 53, artigo 2 – A imprudência é pecado específico.

Um vício ou pecado pode ser considerado geral de dois modos. Primeiro: em sentido absoluto, isto é, que é geral em relação a todos os pecados. Um segundo modo é ser geral em relação a certos vícios, que são suas espécies. Do primeiro modo, por sua vez, também pode um vício ser considerado geral de duas maneiras: por essência, enquanto é predicado de todos os pecados. Neste caso, a imprudência não é pecado geral, como a prudência também não é virtude geral, já que versa sobre atos especiais: os atos da razão. A segunda maneira é por participação, e, neste caso, a imprudência é pecado geral. Pois, do mesmo modo que a prudência, de alguma forma, participa em todas as virtudes, porque dirige todas as virtudes, o mesmo ocorre com a imprudência com relação a todos os vícios e pecados, pois não pode se dar nenhum pecado senão por defeito em algum ato diretivo da razão, o que é próprio da imprudência.

Quando, porém, falamos de pecado geral não em absoluto, mas como um gênero – porque contém muitas espécies –, neste caso a imprudência é pecado geral. E contém diversas espécies de três modos. De um primeiro modo, por oposição às diversas partes subjetivas da prudência. Assim como se divide a prudência em monástica[57], a que rege uma pessoa, e em outras espécies de prudência, para governar coletivos, como dissemos em outra questão (q. 48), assim também a imprudência. Um segundo modo é por oposição às partes como que potenciais da prudência, que são virtudes adjuntas, correspondentes a diversos atos da razão. Assim, a falta relativa ao conselho, à virtude da *euboulía*, dá lugar à espécie de imprudência que é a precipitação ou temeridade. Já a falta relativa ao juízo, a respeito do qual se dão as virtudes da *synesis* e da *gnóme*, é inconsideração, e a falta na ordem de comando, que é o ato próprio da prudência, dando origem à inconstância e à negligência. Por último, deve-se considerar a oposição às virtudes que a prudência requer e que são como que suas partes integrais. E, dado que todas elas se voltam para dirigir os três atos da razão que indicamos, todos os defeitos opostos reduzem-se às quatro partes indicadas: as faltas de prevenção e de circunspecção estão contidas na inconsideração; as faltas relativas à docilidade, memória ou razão estão compreendidas na precipitação, enquanto a imprevisão e os defeitos da inteligência e da sagacidade são abrangidos pela negligência e pela inconstância.

Questão 53, artigo 3 – A precipitação é pecado contido na imprudência.

Nos atos da alma, fala-se em precipitação metaforicamente, por semelhança com o sentido de precipitação tomado do movimento corporal. Pois precipitar-se é, no movimento corporal, arrojar-se do mais alto para o mais baixo por impulso de movimento próprio ou impelido por outro, desordenadamente, sem passar pelas etapas intermediárias. Ora, o que há de mais elevado na alma é a razão, e o mais baixo é a operação exercida pelo corpo. As etapas intermediárias, pelas quais se desce ordenadamente, são a memória do passado, a inteligência do presente, a sagacidade na consideração do futuro, o raciocínio – que compara uma coisa com outras –, a docilidade para assentir às sentenças dos mais velhos. O homem de reto conselho "desce" ordenadamente por meio dessas etapas; já deixar-se levar na ação pelo impulso da vontade ou da paixão, passando à margem dessas etapas, é precipitação. E, sendo a desordem no conselho algo próprio da imprudência, é evidente que o vício da precipitação está contido na imprudência.

Questão 53, artigo 4 – A inconsideração é pecado específico contido na imprudência.

A consideração comporta um ato do intelecto que intui a verdade das coisas. Ora, do mesmo modo que a discussão pertence à razão, o juízo pertence ao intelecto, e por isso no âmbito especulativo diz-se que a ciência demonstrativa é ciência de juízo, enquanto julga sobre a verdade dos resultados da discussão, remetendo aos primeiros princípios inteligíveis. E assim a consideração pertence especialmente ao juízo. Daí que um defeito no reto juízo pertença ao vício da inconsideração: quando alguém falha no reto julgar por desprezar ou negligenciar os aspectos que se requeririam para dar um juízo reto. E assim é evidente que a inconsideração é pecado.

Questão 53, artigo 5 – A inconstância é pecado contido na imprudência.

A inconstância implica um certo abandono de um bom propósito definido. Ora, o princípio desse abandono radica na capacidade apetitiva, pois ninguém abandona um bom propósito senão por causa de algo que desordenadamente lhe apraz. Esse abandono, porém, só se consuma por defeito da razão: porque se engana repudiando o que antes aceitara retamente, e porque não resiste aos impulsos da paixão, e se não resiste é por sua fraqueza, pela qual não se atém firmemente ao bem que tinha concebido. Por isso, a inconstância, no que diz respeito à sua consumação, é devida a um defeito da razão. Ora, assim como toda retidão da razão prática pertence, de algum modo, à prudência, assim também todo defeito dela pertence à imprudência. E, assim, a inconstância, no que diz respeito a sua consumação, pertence à imprudência. E tal como a precipitação se dá em relação ao ato de conselho, e a inconsideração, em relação ao ato de juízo, a inconstância dá-se em relação ao ato de comando, e por isso chamamos de inconstante àquele cuja razão falha em mandar aquilo que foi deliberado e julgado.

Questão 53, artigo 6 – Esses vícios procedem da luxúria.

Como afirma o Filósofo (*Ethic.* VI, 5), "o prazer principalmente corrompe a avaliação da prudência", e especialmente o prazer venéreo, que absorve a alma e a empurra ao prazer sensível. Mas a perfeição da prudência e de qualquer virtude intelectual consiste em abstração das coisas sensíveis. Daí que esses vícios, que pertencem a falhas da prudência e da razão prática, conforme expusemos (a 2 e 5), têm sua origem especialmente na luxúria.

Questão 54

A NEGLIGÊNCIA

Questão 54, artigo 1 – A negligência é pecado específico.

A negligência pressupõe a falta da solicitude devida. Ora, toda omissão de ato devido configura-se como pecado. Daí que, evidentemente, a negligência se configure como pecado, e, do mesmo modo que a solicitude se configura como virtude específica, é necessário que a negligência seja pecado específico.

Com efeito, há pecados específicos porque versam sobre matéria específica, como é o caso da luxúria em relação à matéria venérea; outros, porém, são vícios específicos pelo caráter específico do ato que se estende a toda matéria. Neste caso estão todos os vícios que afetam a razão, pois qualquer ato da razão se estende a toda matéria moral. E assim, sendo a solicitude ato específico da razão, como mostramos acima[58], a negligência, que pressupõe falta de solicitude, é pecado especial.

Questão 54, artigo 2 – A negligência opõe-se à prudência.

A negligência opõe-se diretamente à solicitude. Mas a solicitude é própria da razão, e a retidão da solicitude é própria da prudência. Daí que, por oposição, a negligência seja própria da imprudência. Até mesmo seu nome manifesta isso, pois, como diz Isidoro no livro das *Etimologias* (*Etym.* X): Negligente é o que não escolhe[59]. Ora, a reta escolha dos meios para atingir um fim é precisamente o que é próprio da prudência. Daí que a negligência seja própria da imprudência.

Questão 54, artigo 3 – A negligência pode ser pecado mortal.

Como dissemos[60], a negligência decorre de um certo desleixo da vontade, pelo qual a razão não é solicitada a comandar o que deveria comandar, ou como deveria comandar. Pode ocorrer, portanto, que a negligência seja pecado mortal de dois modos.

O primeiro, por conta daquilo que não se executa por negligência. Se for algo necessário para a salvação – quer se trate de ato, quer se trate de circunstância –, será pecado mortal.

O segundo modo é por conta da causa. Se o desleixo da vontade naquelas coisas que se referem a Deus chega a tal ponto que o afaste totalmente do amor de Deus, essa negligência é pecado mortal. Este caso ocorre principalmente quando a negligência decorre do desprezo.

Se, porém, a negligência consiste em omitir algum ato ou circunstância que não são necessários para a salvação, e se não procede de desprezo, mas de alguma falta de fervor, que é impedido às vezes por algum pecado venial, então a negligência não é pecado mortal, mas venial.

Questão **55**

VÍCIOS OPOSTOS À PRUDÊNCIA, QUE APRESENTAM CERTA SEMELHANÇA COM ELA

Questão 55, artigo 1 – A prudência da carne é pecado.

A prudência – como já dissemos[61] – versa sobre o que se relaciona com o fim da vida como um todo. Daí que por prudência da carne propriamente se entenda estabelecer os bens da carne como o fim último da vida. Isto, claramente, é pecado, já que desvia o homem de seu fim último, que não consiste nos bens do corpo, como já mostramos[62]. Logo, a prudência da carne é pecado.

[Na resposta à primeira objeção – a de que não existem justiça ou temperança pecaminosas e também não deve haver prudência que seja pecado – Tomás complementa] A justiça e a temperança trazem, em suas próprias definições, aquilo que faz o louvor delas como virtudes, a saber, a equidade e o controle das concupiscências, e, assim, não podem ser tomadas em sentido mau. Mas a palavra prudência decorre de providência, a qual, como já dissemos[63], pode também se estender a ações más. E, assim, enquanto a prudência pura e simples só se dá em bom sentido, quando se lhe acrescenta algo, pode ser tomada em sentido mau. E é nesse sentido que se diz que a prudência da carne é pecado.

[Na resposta à segunda objeção – a de que o amor à carne é lícito e, portanto, também a prudência da carne – Tomás complementa] A carne está em função da alma como a matéria em função da forma e o instrumento em função do agente principal. E assim o amor da carne será lícito na medida em que se dirija ao bem da alma como a um fim. Já erigir o bem da carne em fim último será um amor desordenado e ilícito. E é este modo de amor da carne que se dá na prudência da carne.

Questão 55, artigo 2 – Se a prudência da carne é pecado mortal.

Como dissemos[64], há dois modos de designar alguém como prudente: um, pura e simplesmente prudente, isto é, em relação ao fim da vida como um todo; o outro, setorial, em relação a algum fim particular, como quando se diz que alguém é prudente nos negócios etc.

Se se entende a prudência da carne como aquela prudência total, isto é, de tal modo que o cuidado da carne constitui o fim último da vida como um todo, então, nessa medida, é pecado mortal, porque desse modo o homem se afasta de Deus, pois é impossível que coexistam diversos fins últimos, como vimos[65].

Mas, se entendemos prudência da carne como um tipo setorial de prudência, então, neste caso, a prudência da carne é pecado venial. Pois acontece, algumas vezes, que alguém tem uma afeição desordenada por um prazer carnal sem que por isso se afaste de Deus pelo pecado mortal, e portanto não estabelece esse prazer como fim da vida como um todo. Daí que empenhar-se na obtenção desse prazer é pecado venial e é próprio da prudência da carne.

Tenha-se em conta, porém, que, se alguém cuida da carne em função de um fim bom, como preocupar-se pela comida para sustentar o corpo, isto não se chama prudência da carne, porque, neste caso, cuida-se da carne como um meio para um fim.

Questão 55, artigo 3 – Se a astúcia é pecado específico.

A prudência é a reta razão aplicada ao agir, como a ciência[66] é a reta razão aplicada ao saber. Ora, no âmbito especulativo pode-se pecar contra a retidão da ciência de dois modos. O primeiro, quando a razão induz a uma conclusão falsa que parece verdadeira; o segundo, quando parte de premissas falsas que parecem verdadeiras, quer se chegue à conclusão verdadeira[67] ou à conclusão falsa. Assim também, contra a prudência pode haver pecados que tenham alguma semelhança com ela de dois modos: o primeiro modo dá-se quando o empenho da razão dirige-se a um fim que não é bom, embora aparente ser bom, e isso é próprio da prudência da carne.

O outro modo dá-se quando alguém, para atingir algum fim – bom ou mau –, vale-se de meios que não são verdadeiros, mas simulacros e aparentes, o que é próprio do pecado da astúcia. Daí que a astúcia seja um pecado oposto à prudência e diferente da prudência da carne.

Questão 55, artigo 4 – O dolo é pecado próprio da astúcia.

É próprio da astúcia empreender caminhos inautênticos, tortuosos e simulados, para obter algum fim, bom ou mau. A opção por esses caminhos pode ser considerada de dois modos. Um primeiro modo diz respeito ao engenho racional para atinar com esses caminhos, o que é essencial à astúcia, tal como o atinar com os caminhos retos para atingir o fim devido é próprio da prudência. O outro modo diz respeito a assumir tais caminhos do ponto de vista da execução do ato, o que é próprio do dolo. Quer dizer, o dolo implica uma certa execução da astúcia e, assim, é próprio da astúcia.

Questão 55, artigo 5 – A fraude é pecado próprio da astúcia.

Assim como o dolo consiste na execução da astúcia, assim também a fraude, com a diferença de que o dolo é próprio da execução da astúcia de modo geral, quer se valha de palavras, quer se valha de atos; enquanto a fraude é própria da execução da astúcia mais pelos atos.

Questão 55, artigo 6 – Se é lícita a solicitude pelas coisas temporais.

A solicitude pressupõe empenho para obter algo. É evidente que o empenho será maior quando houver o temor de não conseguir; e, quando há a segurança da obtenção, menos solicitude se requer. Portanto a solicitude pelas coisas temporais pode ser ilícita de três modos.

Um primeiro modo, por parte do objeto que buscamos com solicitude: se buscamos as coisas temporais como fim. Por isso, diz Agostinho (*De Operibus Monach.* XXVI): "Ao dizer 'Não estejais solícitos...', o Senhor pretende impedir que ponham essas coisas como fim e que façam tudo o que lhes é mandado na pregação do Evangelho."

De um segundo modo pode a solicitude pelas coisas temporais ser ilícita: quando, por causa do excessivo empenho em cuidar das coisas temporais, o homem se afaste das realidades espirituais, que deveriam ser sua busca principal. Daí que se diga em Mateus (13,22) "a solicitude pelas coisas do mundo sufoca a palavra".

De um terceiro modo, por causa de um temor exagerado: quando alguém teme que, fazendo o que deve, venha a carecer do necessário. Esse medo é afastado pelo Senhor por três razões. A primeira: pelos benefícios maiores que Deus concede ao homem à margem de sua solicitude, como o corpo e a alma. A segunda: porque Deus toma conta dos animais e das plantas, sem o trabalho humano, em função de sua natureza. A terceira: pela divina providência, por cuja ignorância os gentios se preocupavam principalmente em buscar os bens temporais. E Ele conclui: nossa solicitude principal deve ser pelos bens espirituais, com a esperança de que também teremos os temporais, de acordo com nossa necessidade, se fizermos o que devemos.

Questão 55, artigo 7 – Se deve haver solicitude pelo futuro.

Nenhuma obra pode ser virtuosa se não vai revestida das devidas circunstâncias, uma das quais é o tempo devido, tal como diz o Eclesiastes (8,6): "Para todos os afazeres há um tempo e uma ocasião." Isto se aplica não só às obras externas, mas também à solicitude interior. E cada tempo tem sua própria solicitude, como, por exemplo, ao tempo de verão corresponde a solicitude da sega; ao outono, a da vindima. Se alguém, em tempo de verão, estivesse solícito já da vindima, teria vã solicitude, preocupando-se com o tempo futuro. E o Senhor proíbe esse tipo de solicitude, quando diz: "Não estejais solícitos, pois, pelo amanhã" (Mt 6,34). E por isso acrescenta: "Pois o dia de amanhã estará solícito de si mesmo" (Mt 6,34), isto é, terá sua própria preocupação para afligir o ânimo. E daí a conclusão: "Baste a cada dia sua maldade" (Mt 6,34), isto é, a aflição da solicitude que ele suscita.

[Na resposta à primeira objeção – a de que a Sagrada Escritura manda imitar a formiga (Pr 6,6-8), na preocupação pelo futuro – Tomás complementa] A formiga tem sua solicitude em conformidade com o tempo e por isso é posta como exemplo a imitar.

[Na resposta à terceira objeção – a de que Cristo e os Apóstolos guardavam dinheiro e portanto andavam solícitos pelo futuro – Tomás complementa] Como diz Agostinho (*De Serm. Dom. in Monte* II, 17), quando virmos um servo de Deus ocupado de que não lhe venha a faltar o necessário, não julguemos que ande solícito pelo dia de amanhã, já que o próprio Senhor dignou-se a ter uma bolsa para dar-nos exemplo; e no livro de Atos está escrito que se proviam do necessário para o futuro ante a iminência da fome. O Senhor não reprova, portanto, que se busquem essas coisas, segundo o modo humano, mas sim que por elas haja oposição a Deus.

Questão 55, artigo 8 – Esses vícios têm sua origem na avareza.

Como dissemos[68], a prudência da carne e a astúcia, junto com o dolo e a fraude, têm alguma semelhança com a prudência, pelo modo como usam a razão. Ora, o uso da razão reta, entre as virtudes morais, aparece principalmente na justiça, que radica na vontade. Daí que também o uso indevido da razão apareça especialmente nos vícios opostos à justiça. Ora, o vício mais oposto à justiça é a avareza, e é dela, portanto, que principalmente nascem os vícios de que nos ocupamos nesta questão.

Questão 56

PRECEITOS QUE COMPETEM À PRUDÊNCIA

Questão 56, artigo 1 – Os dez mandamentos não se referem diretamente à prudência.

Como dissemos ao tratar dos dez mandamentos[69], tendo eles sido dados para todo o povo, oferecem-se também à consideração de todos como próprios da razão natural. Ora, entre os ditames da razão natural estão, principalmente, os fins da vida humana, que estão para o agir assim como os primeiros princípios naturalmente conhecidos estão para o conhecimento especulativo, como mostramos acima[70]. Ora, a prudência não se dá sobre o fim, mas sobre os meios, e portanto não foi conveniente que entre os dez mandamentos houvesse algum que diretamente se referisse à prudência[71]. No entanto, todos eles se referem à prudência enquanto é ela quem dirige todos os atos virtuosos.

Questão 56, artigo 2 – A Antiga Lei propõe convenientemente preceitos contra vícios opostos à prudência.

Como acabamos de expor, a justiça considera principal e diretamente aquilo que é devido (e os mandamentos incidem sobre aquilo que é devido), já que a justiça se dirige precisamente a restituir ao outro o que lhe é devido, como veremos no "Tratado da justiça". Ora, a prática da astúcia ocorre principalmente em matéria de justiça, como dissemos[72]. Foi, portanto, conveniente que a Lei contivesse preceitos proibitivos da prática da astúcia, pois são próprios da injustiça, como também, do mesmo modo, caluniar alguém ou surrupiar seus bens por dolo ou fraude.

APÊNDICE

O esquema da Suma Teológica

A *Suma Teológica* está dividida em três grandes *partes*. A parte I (*prima*) trata de Deus Uno e Trino e de Deus como princípio das criaturas. A parte II é dedicada à Ética e divide-se em duas subpartes: I-II (*prima secundae*), a primeira parte da Segunda Parte, que examina, em geral, a virtude e o vício, a graça, o pecado etc., e II-II (*secunda secundae*), a segunda parte da Segunda Parte, que trata das virtudes e dos mandamentos, de modo concreto. A parte III discute a Cristologia, a Mariologia, os Sacramentos etc.

Cada uma dessas três partes compõe-se de *questões* (num total de 512), cada uma dedicada a um tema. Cada questão é desmembrada nos diferentes aspectos do tema, que são os *artigos* (um total de 2.669), em número variável (cerca de 4 a 10) por questão.

Cada artigo é uma unidade molecular de estrutura constante, como explanado a seguir:

A) *Enunciado* do tema em forma de debate. Daí que os títulos comecem pela palavra *utrum*, "se" (por exemplo, II-II, 49, 1, o artigo primeiro da questão 49 da *secunda secundae* começa pela pergunta: "Se a memória é parte da prudência?").

B) Tomás começa por apresentar *objeções* contra o que vai ser sua própria tese. A introdução às objeções também se faz por enunciado constante: *Videtur quod non*..., "Parece que não..." (por exemplo, no já mencionado II-II, 49, 1: "Parece que a memória não é parte da prudência"). Feito esse breve enunciado, Tomás vai enumerando as objeções – em média três ou quatro – a seu pensamento. Objeções por vezes tomadas à autoridade da Sagrada Escritura, dos Padres da Igreja, dos filósofos etc. ou concebidas pelo próprio Tomás. Assim, no artigo citado, a primeira objeção é: "A memória, como mostra o Filósofo (*De Memor. et Remin.* I), está na parte sensitiva da alma. Já a prudência está na parte racional, como fica claro em *Ethic.* VI, 5. Logo, a memória não é parte da prudência."

C) Antes de fazer a sua própria exposição sistemática (que será o corpo do artigo), Tomás oferece ao leitor uma breve primeira resposta, em geral invocando alguma autoridade – Sagrada Escritura, Aristóteles ("o Filósofo"), Agostinho etc. – e com formulação inicial também fixa: *Sed contra*..., "Mas, pelo contrário...". É este o momento em que Tomás começa, ainda que brevemente, a defender a sua tese: até aqui, tudo eram objeções. No exemplo: "Mas, pelo contrário, Cícero (*De Invent. Rhet.* II, 53) inclui a memória entre as partes da prudência."

D) O *corpus* é, em geral, a parte mais importante e longa do artigo, no qual Tomás expõe ordenadamente seu pensamento, deixando as respostas particulares a cada objeção para a parte seguinte. A fórmula inicial constante do *corpus* é: *Respondeo dicendum...*, "Respondo que se deve dizer..."

E) Finalmente, as *respostas* a cada uma das objeções do começo. A fórmula introdutória constante é: *Ad n ergo dicendum...*, "Contra a objeção nº tal..." Ainda no artigo que tomamos como exemplo: "Contra a primeira objeção deve-se dizer que, como já mostramos, a prudência aplica o conhecimento universal aos casos particulares, dos quais se ocupam os sentidos. Daí que a prudência requer muito da parte sensitiva, na qual se inclui a memória."

NOTAS

1. Virtude, para Tomás, é o hábito bom: a facilidade adquirida por uma potência operativa (faculdade) para agir bem numa determinada direção. A prudência é a virtude intelectual da boa decisão.

2. Ao longo desta tradução empregaremos, por vezes, "faculdade" como sinônimo de "potência".

3. O homem dispõe de faculdades cognoscitivas e apetitivas, tanto sensíveis como espirituais. O conhecimento sensível é exercido pelos sentidos sobre objetos concretos. A dimensão apetitiva não apreende cognoscitivamente seu objeto, mas impele a possuí-lo pelo desejo sensível.

4. Santo Isidoro (c. 560-636) foi bispo de Sevilha de 600 a 636.

5. "Razão", *ratio*, tem muitos significados – análogos – em S. Tomás. Entre outros, significa a faculdade racional, mas também a realidade enquanto estruturada inteligentemente e, portanto, cognoscível pela inteligência humana, que *lê*, *dentro* da coisa, sua *ratio* (Tomás vê a etimologia de *intelligere* como *intus legere*, ler dentro – por exemplo em II-II, 8,1).

6. No original: *collatio*. A *collatio* é uma operação que, superando o âmbito sensível, participa da razão, na medida em que avalia, faz analogias, compara casos concretos no que têm em comum.

7. I, 82, 4; I-II, 9, 1.

8. I, 20, 1; I-II, 25, 2; I-II, 25, 3; I-II, 27, 4.

9. Para Tomás, a razão é prática ou teórica (especulativa) em função do fim do conhecimento: o conhecimento teórico é aque-

le que é buscado como fim em si; o prático visa à decisão de agir ou de fazer algo.

10. Aristóteles (*Ethic.* VI, 5). Neste artigo fundimos o *sed contra* e o *corpus*.

11. Para Tomás, "conselho" não deve ser entendido só – nem principalmente – como dirigido a outro. Nesta passagem, como em tantas outras, "conselho" tem o sentido de parecer ponderado: o homem pela razão se "aconselha" consigo mesmo. Assim, por exemplo, em *In Ps.* 5, 7, Tomás põe *consilio* como sinônimo de *cogitatio: a cogitationibus suis, idest consiliis*. E, em I-II, 44, 2 ad 2, diz que o medo intenso impede o conselho.

12. Artigo 1, nota 3.

13. Livro de Aristóteles.

14. Recordemos que, para Tomás, as virtudes e os vícios são hábitos (bons/maus). O *habitus*, por sua vez, não coincide totalmente com nosso conceito de hábito. Mais do que como costume, o hábito deve ser entendido como uma qualidade adquirida de uma faculdade que dispõe a realizar com facilidade uma operação. Assim, por exemplo, a virtude da prudência permite ao homem ver a decisão certa e tomar essa decisão.

15. Formal significa aqui o particular aspecto sob o qual se realiza ou se enfoca algo. A prudência não só se dirige para o bem, mas o faz porque se trata de um bem, realizando assim, material e formalmente, o caráter de virtude. Pode ocorrer que alguém se volte para o bem (materialmente), mas não por querer o bem formalmente. Nesse sentido, um divertido provérbio árabe diz: "Não é por amor a Allah que o gato caça os ratos"; o gato faz um bem (materialmente) para a casa, mas (formalmente) por interesse seu.

16. I, 77, 3; I-II, 1, 3; I-II, 18, 2.

17. Novamente, "formal" indica um aspecto particular. Várias potências (aqui, no sentido de faculdades) podem ter o mesmo objeto material, mas a títulos diferentes. Por exemplo, um mesmo objeto, digamos, o número, pode ser apreendido por diversos sentidos: pelo tato percebo que aqui há duas maçãs; a visão que também incide sobre o mesmo objeto – as duas maçãs – as apreende sob outra formalidade (a cor é objeto formal da visão,

enquanto a dureza o é do tato); o olfato pode apreender o mesmo e único objeto material, maçãs, mas por seu objeto formal, o cheiro. Do mesmo modo, cada hábito se especifica por seu particular objeto formal.

18. I-II, 54, 2 ad 1.

19. I-II, 54, 1.

20. "Arte" é empregada por Tomás no sentido de técnica, "*recta ratio factibilium*", o jeito certo de *fazer* algo (e, portanto, arte também pode significar a disciplina que se estuda para esse *fazer*, por exemplo a construção de um barco, objeto da arte de construção naval, ou a gramática, que faz um falar correto etc.). Já a prudência diz respeito não ao *fazer* (externo), mas ao *agir*, que, pelo contrário, diz respeito ao interior do ser humano. A arte, em si, não está no âmbito moral, mas no técnico.

21. "Razão" aqui significa a realidade, criada pela inteligência de Deus e apreendida pela razão humana; a razão humana "informada" pela realidade.

22. Dionísio é um dos autores mais citados por Tomás. Trata-se de um desconhecido, que falsamente se apresenta como Dionísio Areopagita, discípulo de São Paulo (At 17,34), e assim foi considerado ao longo de toda a Idade Média. Suas obras, que – como sabemos hoje – datam do começo do séc. VI, são *Hierarquia Celeste*, *Hierarquia Eclesiástica*, *Nomes Divinos* e *Teologia Mística*, além de dez cartas. É hoje usualmente citado como Pseudo-Dionísio.

23. Trata-se, evidentemente, da ciência como virtude intelectual.

24. Na resposta à primeira objeção deste artigo, Tomás lembrará que o estabelecimento do fim das virtudes morais, os primeiros princípios operativos, compete à sindérese.

25. A palavra "meio" aparece neste artigo no sentido de meio da virtude entre dois extremos errados, e, assim, a fortaleza está no meio entre o medo e a audácia. E também no sentido de meios para atingir o fim, que no caso da virtude moral é aquele "meio".

26. Comandar neste tratado não deve ser entendido só – nem principalmente – como dirigido a outro: é pela prudência

que o homem "comanda" a si mesmo. Na resposta à terceira objeção deste artigo, Tomás lembrará que – em termos absolutos – é à vontade que compete o mover (mover, no sentido de mover à ação, pertenceria à dimensão apetitiva), mas o comandar implica um mover com ordenação, que é da razão.

27. Livro de Aristóteles.

28. II-II, 54, 2 ad 1.

29. I-II, 102, 1.

30. Traduzimos por prudência doméstica o que Tomás designa por *prudentia oeconomica*.

31. "Perfeito", aqui e nas questões seguintes, é empregado no sentido de completo, ao qual não falta nada.

32. No original: *industria*, "Dinotica, *idest naturalis industria*". Em outro livro, Tomás traduz *dinotica* por engenhosidade, *ingeniositas* (*In Ethic.* 6, 10 , 16).

33. I-II, 65.

34. Evidentemente, trata-se aqui da virtude teologal, infusa, da caridade, o amor a Deus. A caridade se dá precisamente pela participação na vida íntima de Deus (a graça), no amor intratrinitário.

35. "Natural", neste artigo, significa conatural, inato, espontâneo, imediato.

36. Na resposta à segunda objeção, Tomás dirá que a prudência dá-se mais nos idosos, por estarem mais apaziguados seus movimentos passionais como também pela larga experiência acumulada.

37. Os fins das virtudes morais, os fins do reto agir humano, são princípios da prudência (II-II, 181, 2).

38. Trata-se da distinção entre *"vita quae est secundum speculationem"* e *"vita quae est secundum hominem"*, esta ligada ao agir (II-II, 51, 1), à vida moral da condição humana (centrada na prudência); enquanto aquela está voltada para a contemplação do divino.

39. I-II, 51, 1; I-II, 63, 1.

40. II-II, 47, 11.

41. II-II, 47 a. 2, ad 2. Em atenção a Santo Ambrósio e a Cícero, Tomás acolhe nessa passagem e também aqui um uso impróprio (ou, ao menos, em sentido muito amplo) do substantivo